Matthias Mala

Esoterisches Handlesen
Karma, Geisteskraft und Schicksal

VERLAG PETER ERD · MÜNCHEN

Die Deutsche Bibliothek – CIP-Einheitsaufnahme

Mala, Matthias:
Esoterisches Handlesen : Karma, Geisteskraft und
Schicksal / Matthias Mala. – München : Erd, 1992
ISBN 3-8138-0242-6

2. Auflage 1993
Umschlaggestaltung: Design-Studio Augsburg
Zeichnungen: Matthias Mala
Copyright © Verlag Peter Erd, München 1992
Alle Rechte, auch die des auszugsweisen Nachdrucks,
der Übersetzung und jeglicher Wiedergabe,
vorbehalten.
Satz: Uhl + Massopust, Aalen
Druck und Verarbeitung: Presse-Druck Augsburg
Printed in Germany
ISBN 3-8138-0242-6

Inhalt

7 **Vorwort**

9 **Einführung**
Physiologische Aspekte 9 · Der Blick in die Hand 10 · Was ist esoterisches Handlesen? 11 · Ein Weg zur Selbsterkenntnis 13 · Die Verantwortung des Deuters 14

16 **Karma in der Hand**

21 **Die rechte Vorgehensweise**
Zur Methodik des Handlesens 21

29 **Die Handteilung, Sinnbild menschlicher Entwicklung**
Die vertikale Gliederung der Hand 29 · Die horizontale Gliederung der Hand 36

42 **Die Außenhand**
Das sphärische Erfassen 42

49 **Die Handformen**
Die eckige Hand 50 · Die spatelförmige Hand 52 · Die konische Hand 54 · Die spirituelle und die elementare Hand 56 · Linke und rechte Hand 58 · Die Mischhand 59 · Die Handwurzel 60

63 **Die Handberge**
Der Venusberg 66 · Der Mondberg 69 · Der Neptunberg 73 · Die beiden Marsberge 75 · Die Erdebene 80 · Das große Dreieck 81 · Der Palast der Audienz 84 · Die Fingerberge 89 · Der Jupiterberg 90 · Der Saturnberg 92 · Der Apolloberg 94 · Der Merkurberg 96 · Die Kommunikation der Handberge 98

104 **Die Finger, Antennen geistiger Kommunikation**
Der Daumen 105 · Die Beziehung der Finger zur Handfläche 115 · Grundsätzliches zu den vier Fingern 116 · Der Jupiterfinger 121 · Der Saturnfinger 125 · Der Apollofinger 129 · Der Merkurfinger 134 · Weitere beachtenswerte Fingerzeichen 141 · Die Knöchel 143

146 **Die sphärische Hand und der Fluß der Energien**
Die Aura der Hand 146 · Der Fluß der Energien 152

157 **Die Handlinien, oder der widerstrebende Mensch**
Zeichen der Handberge 158 · Die M-Linien 160 · Die drei aufsteigenden Linien 168 · Die drei mystischen Linien 172 · Der Salomonring 174

175 **Nachwort**

Vorwort

Die Ursprünge der abendländischen Tradition des Handlesens liegen bei den Hellenen. Im 2. Jahrhundert v. Chr. verfaßte Artemidorus Daldianus erstmals eine systematische Abhandlung über die Cheiromantie, die Kunst, aus der Hand wahrzusagen (cheir = Hand; manteia = Wahrsagung). Neben der auch heute noch landläufigen Ansicht, daß sich in den Linien der Hand das Schicksal verbärge, begründeten die Griechen auch die Cheirologie, die Verknüpfung psychologischer und charakterlicher Aspekte mit Zeichen und Beschaffenheit der Hand.

Dieses Verständnis, der von Mensch zu Mensch immer unterschiedlichen Wesenheit der Hand, fand im 18. Jahrhundert zunehmend Beachtung. Zu dieser Zeit formulierten dann auch verschiedene Forscher grundlegende Erkenntnisse als Phänomenologie der Hand, die sie aus jahrzehntelanger Beobachtung menschlicher Wesenszüge in Verbindung mit der Handanalyse ableiteten. Im wesentlichen waren dies der Arzt Carl Gustav Carus mit seinem Werk *Über Grund und Bedeutung der verschiedenen Formen der Hand bei verschiedenen Personen* (Stuttgart 1846) und Adolphe Desbarolles *Les mystères de la main révélés* (Paris 1859).

Ihre Arbeit bildete sozusagen das Fundament moderner Cheirologie, die zugleich auch ein Wiedererstehen der bei den Griechen in Ansätzen vorhandenen Cheirosophie (Aristoteles) ermöglichte. Bei dieser Sparte der Handlesekunst gilt die Hand als sinnfälliger Ausdruck der Spiegelung menschlichen Seins in seiner geistigen Natur. Grundlegendes leisteten hier vor allem Ursula von Mangoldt und Karlfried Graf von Dürckheim.

Die Fortführung dieser cheirosophischen Betrachtungsweise ist im wesentlichen Anliegen dieses Buches.
M. M.

Er versiegelt die Hand aller Menschen, so daß alle Welt sein Tun erkennt! (Hiob 37,7)

Einführung

Physiologische Aspekte

Ob wir zärtlich sind oder unserem Zorn Ausdruck verleihen, ob wir essen oder unsere alltägliche Arbeit verrichten, ob wir sprechen oder träumen, stets sind unsere Hände aktiv oder passiv daran beteiligt. Ja, man kann mit Fug behaupten, daß sich jede unserer Lebensäußerungen und jeder unserer -eindrücke auch in den Händen mitteilen. Selbst wenn wir unsere Hände scheinbar offensichtlich unbeteiligt am Geschehen wähnen, so zeigen sie doch in Haltung, Temperatur, Farbe, Feuchtigkeit und minimalsten Regungen Anteil am Gelebten. Aus dieser Beobachtung heraus scheint die Ansicht alter Handdeuter nicht so abwegig, die unsere Hände als das äußere Pendant unseres Hirns verstanden haben.

In den Händen spiegelt sich nicht nur unser psychisches Erleben und unsere seelische Befindlichkeit wider, sondern wir können über die Hände ebenso unsere Psyche stimulieren. Berühren sich beispielsweise die Spitzen von Daumen und Zeigefinger und formen dabei ein Rund, während die anderen drei Finger leicht gestreckt beieinander gehalten werden, so erhöht sich unser Konzentrationsvermögen.

Die zum Gebet gefalteten Hände unterstützen unsere Sammlung und schirmen unser Innensein nach außen ab. Anders ist es, wenn wir unsere Handflächen wie zur Zwiesprache mit unserem Gott himmelwärts richten; unser Selbstempfinden wandelt sich dann von körperlich begrenzter Dichte zu räumlich ausgreifender Weite. Diese drei gemeinhin bekannten Handhaltungen mögen beispielhaft die Tatsache der autopsychischen Stimulanz durch unsere Hände belegen. Es gibt Hunderte verschiedene rituelle und okkulte, volkstümliche und individuelle Hand- und Fingerhaltungen, die auf unser physisches und psychisches Wohlbefinden Einfluß nehmen. Manche von ihnen wirken auch über uns hinaus als magische Schutz- und Bannzeichen, als Spott oder Flüche oder wohltuend belebend, wie die segnende Hand des Begnadeten.

Auf diese Zeichen einzugehen, hätte jedoch den Rahmen dieser Arbeit gesprengt, trotzdem wird der aufmerksame Leser nach der Lektüre so manche tradierte Geste in ihrem tieferen Sinn und ihrer Wirkung mit anderen Augen sehen. Zudem wird im Kapitel »Die sphärische Hand« auf Methoden und Grundlagen der cheiropsychologischen Stimulanz unter dem Aspekt des Energieausgleichs eingegangen.

Der Blick in die Hand

Mancher kundige Handleser wird beim ersten Blick in eine ihm dargebotene Hand stets aufs neue von einem urgründigen Schreck erfaßt. Er zeugt von jener natürlichen Scheu, die Intimsphäre unserer Mitmenschen zu verletzen. Denn im gelösten, vorurteilsfreien Blick in eine fremde Hand liegt zugleich das totale Erfassen des Wesens unseres Gegenübers. Es ist unvergleichbar mit dem intellektuellen, analytischen Begreifen der Ausformung der Hand, sondern eine geistige Wahrnehmung auf einer ichfernen Ebene.

Diese ungeteilte Einsicht mitzuteilen, ist letztlich das Bemühen des Deuters und im behutsam analytischen Vorgehen versucht er, das in ihm gegenwärtige Bild zu beschreiben. In dieser schrittweisen Annäherung an das Gesehene und seiner beschreibenden Umsetzung liegt zugleich die Schwierigkeit des Deutens. Denn im intuitiven Erfassen wirken die Zeichen der Hand als ein sinnfälliges Ganzes, während bei der überlegten Ausdeutung das einzelne Zeichen erst wieder in bezug zu den anderen Komponenten gesetzt werden muß. Und hier kann eine zu starke Gewichtung einzelner Teile ebenso wie die mangelnde Beachtung anderer Momente zu einer Verschleierung des ursprünglichen Bildes führen.

Aus diesem Grunde ist es verständlich, daß die Deutungssicherheit eines einzelnen Zeichens bei nur durchschnittlich 60 Prozent liegt. Damit ist gemeint, daß die Aussage eines Handlesers über die Bedeutung beispielsweise der Gestalt des Zeigefingers seines Probanden sich üblicherweise nur zu 60 Prozent bestätigen läßt. Erst durch die Verbindung mit anderen Zeichen der Hand erhält die Aussage Festigkeit, und die Deutungssicherheit erhöht sich auf durchschnittlich 80 Prozent. Wer sich noch mehr verspricht, verdrängt, daß wir durch unseren Verstand und unsere Worte nur unzulänglich ausdrücken, was uns andererseits klar vor Augen liegt. Ein Blick in seine eigene Hand würde solch Vermessenem vielleicht verraten, was ihn an dieser Einsicht hindert.

Was ist esoterisches Handlesen?

Grundsätzlich wird mit esoterisch das nur dem Eingeweihten Zugängliche bezeichnet. Im allgemeineren Sinne steht dieser Begriff freilich für eine spirituelle Grundhaltung, in der es dem Menschen aufgegeben ist, sein Leben in einem übergeordneten geistigen Zusammenhang zu verwirklichen und letztlich durch Bewußtwerdung ein wahres Leben zu führen. In diesem allgemeinen Sinn und dem ihm unterlegten Menschenbild will das esoterische Handlesen verstanden werden. Es steht dadurch in einem gewissen Gegensatz zum mantischen Handlesen. Während unter dem letzteren Begriff im wesentlichen die Ausdeutung eines zukünftigen Schicksals unter Berücksichtigung der durch das Handbild erkennbaren Charakterzüge verstanden wird, bedeutet esoterisches Handlesen, das Wesenhafte des Menschen zu sehen, das ihm Aufgegebene zu erkennen und aus den Zeichen die Möglichkeiten zu lesen, wie der Mensch diesem Auftrag gerecht werden kann, so daß er gegebenenfalls seine schicksalshafte Gebundenheit transzendiert und das Bild seiner Hände nicht mehr partiell in materieller Dichte, sondern in energetischer Klarheit als etwas Ganzes lebt.

Die Hand in dieser Weise zu betrachten und zu verstehen, setzt voraus, daß man die Hand mit ihren Zeichen und in ihrer Ausformung als ein energetisches Moment erfaßt. Sie ist ebenso wie der Mensch im bildhaften Verständnis kondensierte Energie. Und so wie der Mensch nur raumzeitlicher Ausdruck eines unermeßlich Größeren ist, das jenseits von Raum und Zeit währt, so liegt in der Hand als ein Teil des Menschen nicht nur das größere Ganze, nämlich des Menschen Bild, sondern auch das ihn Umfassende, was gemeinhin als das Göttliche verstanden wird.

Mit esoterischem Handlesen ist also die Fähigkeit gemeint, die Energiebündelung in der Form der Hand zu deuten; die energetischen Verdichtungen in den Handbergen zu erkennen; den Fluß der Energien in den Linien wahrzunehmen und das Maß der Transzendenz an dem Gerichtetsein der Energie über die Hand hinaus einzuschätzen. In diesem Sinne wird esoterisches Handlesen nicht nur zum Erfassen des Status quo, sondern zum Begreifen des Woher und des Wohin. Und so kann das Verständnis in das Jetzt zum Samen für das Aufgehen im zeitlosen Ganzen werden.

Ein Weg zur Selbsterkenntnis

Der diesem Buch vorangesetzte Vers aus dem Buch Hiob:

> Er versiegelt die Hand aller Menschen,
> so daß alle Welt sein Tun erkennt

verdeutlicht das Anliegen dieser Arbeit. Er offenbart zudem, daß jeder Mensch, obwohl wir uns insgesamt alle gleichen, seinen ganz persönlichen, ihm aufgegebenen Weg zur Erkenntnis hat. Weiter legt dieser Vers dar, daß es der tiefere Sinn unseres Hierseins ist, uns um dieses Erkennen zu bemühen. Und was sinnbildlich in der Hand als ein Weg von unten nach oben erscheint, von der Handwurzel über den Handteller zu den Fingerspitzen, mag andererseits einen Weg zurück in den Schoß unseres Seins zeigen. Denn wir werden nur das erkennen können, was uns vormals bekannt war, beziehungsweise was als Erkennbares bereits in uns angelegt ist. Wobei jenes uns aufgegebene Erkennen kein bedachtes, quasi in der Distanz zum Du reflektiertes sein kann, sondern ein Innigwerden, in dem die Grenze zwischen dem Ich und dem Du verwischt, und somit kein Schatten eines Selbst entsteht.

Zugleich verrät uns der Vers, daß wir uns der Erkenntnis nähern, sobald wir imstande sind, das Siegel in unserer Hand zu lesen. Der Weg der Selbsterkenntnis wird so gleichermaßen zum Weg der Läuterung. Durch esoterisches Handlesen erlangen wir nicht nur Verständnis in unser Selbst, sondern können auch den Weg erkennen, auf dem voranzuschreiten unsere gottgegebene Aufgabe ist. Und in dieser Weise wird der Weg zum Ziel, und in dem Maße, in dem wir von dem Weg abweichen, entfernen wir uns von unserem ureigensten Auftrag und erleben uns im Zwiespalt und egozentrischer Verhärtung. Mögen auch diese Irrungen als Zeichen und Schicksal in unsere Hand geschrieben sein, so sind sie allenfalls Wegmarkierungen, jedoch niemals der gemeinte Pfad. Andererseits begegnen wir auf unserem Weg Schicksalsforderungen, die wir als aufgegebenes Seinserlebnis annehmen müssen, wollen wir auf unserem Weg weiter voranschreiten. Sie sind vergleichbar mit den 14 Stationen eines Kreuzweges, die der Rechtgläubige bei einer Kreuzandacht passieren muß. Ebenso müssen wir diese Schicksalsknoten passieren, um sie letztlich aufzulösen.

Der Blick in die Hand macht uns augenfällig, welche Forderungen das Schicksal an uns stellt. Zugleich erfahren wir, wie wir diesen Forderungen gerecht werden können und auf welche Weisen wir versuchen werden, uns dagegen aufzulehnen. Doch wer glaubt, dieses Sicherkennen durch die Hand sei vergleichbar einfach wie das Lesen eines Bauplanes, sobald man nur über das geeignete Wissen verfüge, der täuscht sich. Und er täuscht sich aus demselben Grunde, wie viele andere sich täuschen, die im Bemühen, sich selbst zu erkennen, ihre Vorurteile verfolgen und diese dann als Projektionen in sich selbst für wahr erachten. Denn dem Blick in die Hand ist zuvorderst die ganze und vollkommene Sicht zueigen. Nur diese Sicht als Ein-Sicht in sich wirken zu lassen, verlangt großen Mut und Hingabe, zu der wir jedoch meist erst am Ende unseres Weges angesichts der Unerbittlichkeit des Todes fähig werden.

Die Verantwortung des Deuters

Es scheint allemal leichter, jemand anderem aus der Hand zu lesen als sich selbst. Nun, im wesentlichen mag dies daran liegen, daß, wie zuvor bereits erwähnt, wir uns den Blick in uns selbst verstellen. Und so versuchen wir, in der Hand des anderen, deutend zu erkunden, was wir bei uns nicht anzusehen wagen.

Darin liegt die eigentliche Gefahr beim Deuten, nämlich daß der Deuter nicht frei ist. Er ist gebunden an sein eigenes Fehlen und Bemänteln und projiziert so seine Schattenseiten in die Hand des Gegenübers. Gleichzeitig ist er für sich, quasi als eigentherapeutisches Konzept, um die Deutung bemüht und erliegt so unausgesprochenen Forderungen des Probanden. Statt einer seriösen Deutung trägt er dann ein geschwätziges Allerlei aus Gefälligkeiten und Fehldiagnosen, Liebdienereien und Einseitigkeiten vor.

Darum sollte nur jener deuten, der tief in sich selbst geschaut hat und zumindest um seine Licht- und Schattenseiten weiß. Andererseits sollten auch wir uns prüfen, bevor wir jemandem unsere Hände zeigen, was uns dazu bewegt; dann nämlich werden wir auch selbst darauf achten, wem wir uns auf diese Weise anvertrauen.

Karma in der Hand

Da das hinter dem Begriff *Karma* stehende Menschen- und Weltbild zugleich Grundlage für das Verständnis esoterischen Handlesens ist, andererseits verschiedene Vorstellungen von Karma existieren, soll zunächst erläutert werden, in welcher Weise hier Karma verstanden wird.

Augenfällig für den Handleser ist, daß eine zweifache Weise schicksalshafter Determination in den Händen erkennbar ist. Dies sind zum einen die Linien, die sich im Verlauf eines Lebens wandeln, und zum anderen die Gestalt der Hand, welche sich im wesentlichen kaum verändert. Aus dieser Beobachtung läßt sich ableiten, daß sowohl das Gesetz von Ursache und Wirkung wie auch karmisches Vorgegebensein sich in unseren Händen manifestiert.

Gemeinhin steht der Begriff *Karma* in enger Verbindung mit der Vorstellung von Wiedergeburt. Für den Handleser hat diese Vorstellung jedoch kein Gewicht. Denn was er in der ihm dargebotenen Hand sieht, ist die augenblickliche Verkörperung der Wesenhaftigkeit des Menschen. Damit ist gemeint, daß sich im Menschen das raumzeitlose Unermeßliche im Hier und Jetzt raumzeitlich ausdrückt, und daß es die Persönlichkeit des Menschen ausmacht, in welcher Wesensferne sich sein Ich verkörpert.

Und hier wirkt, was für das Handlesen als Karma verstanden werden sollte. Es ist einerseits das dem Menschen Aufgegebene, oder mit anderen Worten ausgedrückt, das von der Menschheit noch zu Lebende. – Diesen Auftrag an den Menschen liest man im allgemeinen aus der linken Hand. – Andererseits liegt es in der Persönlichkeit des jeweiligen Menschen, inwieweit er dem in ihm drängenden Aufgegebenen gerecht wird. Es ist das vom Individuum zu Leistende, wobei sein Handeln üblicherweise im Kontext von Wirkung und Ursache steht. – Diese Zusammenhänge liest der Deuter aus der rechten Hand.

Mit welchen Händen wir durchs Leben gehen, hängt in gewissem Maße von unseren Eltern und Ahnen ab, denn die Form und Größe der Hände, der Finger und des Handtellers sind im wesentlichen vererbt. Auch der Verlauf der drei Hauptlinien, der sogenannte M-Verlauf, bestehend aus Lebenslinie, Kopflinie und Herzlinie, ist zum Teil erbbedingt.

Von der Handkante aus betrachtet, mutet die Linienführung an wie ein schwunghaft geschriebenes M (Abb. 1). Wenn auch die Erblichkeit dieser M-Linie nachweisbar ist, ist das Bild jedoch nicht so eindeutig zu katalogisieren, daß daraus der Umkehrschluß gezogen werden kann, und bei einer Ähnlichkeit des M-Verlaufes Verwandtschaft behauptet werden könnte. Es bleibt also trotz der Erblichkeit verschiedener Anlagen ein erhebliches Maß an persönlicher Ausprägung.

Die Hauptlinien der Hände entwickeln sich beim werdenden Menschen bereits im zweiten und dritten Schwangerschaftsmonat. Dies geschieht also schon zu einer Zeit, zu der der reifende Embryo noch nicht imstande ist, die Hände regelmäßig zu bewegen. Das Entstehen der Handfurchen ist also kein physiologisch mechanischer Vorgang. Es scheint demnach, da sich in den Hauptlinien grundlegende Wesenszüge offenbaren, daß im bildhaften Sinne das Werden des Menschen die Umkleidung seiner von Anbeginn vollkommenen Wesenhaftigkeit ist; so wie in einem Bildhauer bereits die noch zu schlagende Figur existent ist, bevor er überhaupt den ihr entsprechenden Stein erkoren hat. Und so wie die von ihm verfertigte Figur stets nur ein unvollkommenes Abbild der vor seinem geistigen Auge gesehenen ist, so ist

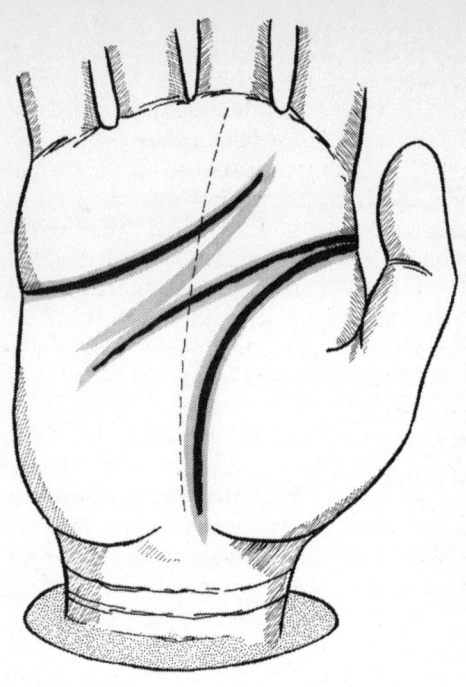

Abb. 1

auch der gewordene Mensch nur die bedingte Manifestation seiner Wesenhaftigkeit. Denn der Schoß der Mutter ist nicht nur der schützende Hort, in dem das Wesenhafte das Ungeborene prägt, sondern er ist bereits Ort der Kommunikation mit dem Außen, das gleichsam prägend wirkt und in den Händen seine Spuren hinterläßt. – Und so wirkt Karma bereits auf das Ungeborene in zweifacher Weise.

Die Hand des Neugeborenen ist die linienreichste, die es gibt. Höchstens die Hand eines alten hochsensitiven

Menschen zeigt eine annähernd vergleichbare Vielfalt. Im Verlauf der ersten zwei, drei Lebenswochen verblaßt das Liniengespinst und mit zunehmender Persönlichkeitsverfestigung wird die Struktur zunächst einfacher, um sich dann im Verlauf des Lebens wieder zu differenzieren und sich im wesentlichen zu verfestigen. Warum die Hand des Neugeborenen so stark gezeichnet ist, liegt in erster Linie wohl daran, daß der eben gewordene Mensch noch ganz von seiner Wesenhaftigkeit und von unbewußten wie archetypischen Energien durchwirkt wird. Erst allmählich klärt sich das Innen vom Außen, zentriert sich das Ego und findet Abstand zum Du. Der Mensch tritt in Kommunikation zum Du und begibt sich auf den Weg.

Nur wenigen wird es im Verlauf ihres Lebens gelingen, das Siegel in ihrer Hand zu leben, es vollkommen zu sein. Ein solcher Mensch tritt aus dem karmischen Kreislauf von Ursache und Wirkung aus. Da er das in ihm Wesenhafte lebt, sind seine Wesenszüge nur seinsgerechte Handlungsgrundlagen, um dem ihm Aufgegebenen zu entsprechen. Sein Handeln ist dann wesenhaft und nicht mehr Reaktion auf ursächlich Wirkendes.

Wie zuvor bereits angedeutet, sind die Linien der Hand Veränderungen unterworfen. Gleiches gilt für die Ausformungen der Handinnenfläche, die sogenannten Handberge. Beide Merkmale wachsen und verändern sich mit der Persönlichkeit, beziehungsweise zeigen noch zu durchlebende Entwicklungsphasen auf. Und so kann es sein, daß gewisse Linien vollkommen verblassen oder ihren Lauf verändern, so wie manche Berge abgetragen werden, während andere sich erhöhen. Diese Veränderungen helfen uns, sofern wir sie bemerken, oft mehr als der einmalige Blick in unsere Hand auf den rechten Weg. – Eine einfache Methode, den Status quo der Hand für sich zu archivieren, ist, die Handfläche zu fotokopieren. Besondere, aus der Kopie nicht ersichtliche Merkmale, wie die Ausformung der Handberge, notiert man sich stichpunktartig.

Mit dem Tod wird der Leib entseelt, und auch hier zeigt sich noch mal, welch lebendiges Diagramm unsere Hände sind. Zuerst verblassen in der Hand des Verstorbenen die feinen Linien, und allmählich verlieren dann auch die stärkeren Linien Kontur und treten langsam zurück. – Unaufgelöstes Karma verbleibt den Menschen als noch zu lösendes.

Die rechte Vorgehensweise

Zur Methodik des Handlesens

Beim Deuten geht der Handleser von einem zwiefältigen Bild der Hand aus. Einmal ist es die Vorstellung einer physischen Idealhand und ein zweites Mal die Idee eines sich in der Hand widerspiegelnden Menschenbildes.

Im ersten Fall stellt sich die Frage nach der normalen Hand. Doch wie kann das Normative der Hand gefunden werden, wenn auf diesem Globus die Hand jedes Menschen in Struktur und Ausformung einmalig ist und bleibt? Nun, die Frage mutet so ähnlich an wie die Frage nach dem normalen Gesicht. Und so wie jedes Gesicht, das in sich ausgeglichen ist, als normal empfunden wird, so ist auch jede Hand normal, die in sich ausgewogen proportioniert ist. Die Feststellung einer normalen Hand ist für die Deutung zunächst mehr oder minder wertneutral. Sie zeigt allenfalls an, daß der Mensch in seiner körperlichen, seelischen und geistigen Präsenz harmonisch gewichtet ist.

Doch neben dem als normal bewerteten individuellen Erscheinungsbild gibt es für den Handleser objektive Kriterien, die es ihm erlauben, Abweichungen von der Vorstellung einer Idealhand festzustellen. Das Vorgehen zur Feststellung der Handgröße und -breite sowie zur Beurteilung der Fingerlänge wird nachstehend erläutert. Darüber hinausgehende Kriterien zur Ermittlung normaler Größen werden von Fall zu Fall bei der Erläuterung der entsprechenden Handpartien gegeben.

Eine Hand hat normale Länge, wenn sie in etwa das Gesicht bedeckt. Kann das Gesicht mit beiden Händen bedeckt werden, sind die Hände von normaler Breite.

Finger und Handfläche stehen in einem normalen Verhältnis, wenn über dem an der Handwurzel der einen Hand angelegten Mittelfinger gerade eine Fingerbreite zum Ansatz des anderen Mittelfingers fehlt.

Das zweite Bild, das dem Handleser beim Deuten gegenwärtig sein sollte, ist die Vorstellung einer metaphysischen Grundhand. In ihr spiegelt sich der Mensch in seiner Verkörperung, in seinem Hiersein und seinem Streben nach Transzendenz. Bei diesem in die Hand übertragenen Menschenbild wurde menschliches Sein in bildlichem Sinne mit drei kräftigen Farben gemalt.

In sattem Rot leuchtet da die Lebenskraft und durchpulst den Menschen in seinem Daseinskampf. In hellem Gelb strahlt die Tatkraft seines Genius, um seinem Anliegen Blüte und Gestalt zu verleihen. Und in tiefem Blau umfaßt ihn als Wunsch zur letztgültigen Selbstüberwindung die Sehnsucht zur Ganzwerdung.

Wie zur Bestätigung dieses symbolhaften Bildes finden sich diese Farben tatsächlich in der Aura der Hände wieder. Im Bild der Hand wirken diese drei Aspekte menschlichen Seins auf vertikaler und horizontaler Ebene. Sie werden im nächsten Kapitel umfassend dargestellt.

Wer aus seiner eigenen oder einer fremden Hand lesen möchte, sollte sich bewußt machen, was er aus der Hand lesen will, und was er daraus lesen kann. Dabei geht es nicht nur darum, daß dem Deuter seine eigenen Grenzen gegenwärtig sind, sondern auch um das Wissen der Grenzen esoterischen Handlesens überhaupt. Warum der Deuter sich bewußt sein sollte, was er aus der Hand lesen will, wurde weiter oben bereits angedeutet. Beim Deuten ist die Gefahr sehr groß, seinen Wunschvorstellungen und Vorurteilen zu erliegen und sich für ihre scheinbare Tatsächlichkeit Bestätigung in der Hand zu suchen. Sobald man jedoch um das Motiv seines Tuns weiß, bemerkt man, sofern man achtsam bleibt, wann man sich auf illusionäre Abwege begibt. Die ideale – weil täuschungsfreie – Vorgehensweise wäre, motivlos die dargebotene Hand wie ein unbekanntes Buch zu lesen.

Die Grenzen des esoterischen Handlesens liegen genau da, wo für viele die eitel begehrliche Frage steht: »Von welchem Grad ist meine geistige Entwicklung, und wie fern bin ich noch der letzten Erkenntnis?« Abgesehen davon, daß dieses egomanische Verlangen nach gradueller Bestätigung nicht gerade von einer überdurchschnittlich spirituellen Reife zeugt, ist es eine geradezu glückliche Fügung, daß hier dem Mißbrauch und der seelischen Ausbeutung anderer ein göttlicher Riegel vorgeschoben wurde. Aus der Hand läßt sich zwar das Potential der Energien und ihr Ausgerichtetsein lesen, auch die Art und Weise, in der die Energien im Leben umgesetzt werden, ist zu erkennen. Doch inwieweit sich unsere Ichverhaftung löst und sich das Wesenhafte durch uns ausdrückt, liegt nicht nur in unserer persönlichen Bereitschaft dazu, sondern ist auch ein Moment der Gnade. Und beides, wahre Hingabe wie Zustand der Gnade, ist ein seiendes Wirken, auf das wir zwar hinzielen, das jedoch unvorhergesehen in unser Leben tritt und sich nicht vorweg im Sichtbaren materialisiert.

Die zur Deutung dargebotene Hand umwirkt in gewissem Sinne eine physische und metaphysische Idealhand. Die daraus resultierende Spannung zwischen Ideal und Wirklichkeit ist die Empfindung, die der Deuter als den Gesamteindruck der Hand wahrnimmt. Sie ist der eigentliche Quell der Intuition, der rote Faden der Deutung. Diese intuitive Sicht des Wesenhaften, des dem Menschen aufgegebenen Weges, versucht der Deuter zu formulieren. Dabei geht er jedoch paradox vor.

Er nähert sich dem Gesamteindruck, indem er die einzelnen Teile anspricht. Wenn der Deuter dabei in rechter Weise vorgeht, fügen sich die Einzelergebnisse wie die

Teile eines Puzzles zum Bild der ganzen Hand zusammen. Und eben dieses Bild des Wesenhaften des Probanden entstehen zu lassen, ist die ureigenste Aufgabe des Deuters. Das heißt, daß er der Scout seines Probanden ist. Er soll und muß also alles ansprechen, was diesen auf den rechten Pfad führt. Und wir sind dann auf dem rechten Pfad, wenn unser wesenhafter Grund zu lebendigem Ausdruck findet. Keinesfalls kann es jedoch Sache des Deuters sein, Steine in den Weg des Probanden zu rollen, indem er marginale Schrecklichkeiten anspricht, die dann als sich selbsterfüllende Prophezeiungen den Probanden in seinem Heilwerden behindern.
– An dieser Stelle sei noch mal darauf hingewiesen, daß es prinzipiell keine negativen Zeichen in der Hand gibt. Es ist unsere wesensferne, ichhafte Persönlichkeit, die in ihrem Streben, dem Aufgegebenen gerecht zu werden, Einschränkungen erfährt und diese negativ empfindet. Wer jedoch seine Hand lebt, lebt in Harmonie mit dem ihm Wesenhaften und erfährt somit auch keine egozentrischen Verhärtungen. Sein Lebensweg mag von anderen durchaus als Leidensweg empfunden werden, für ihn aber ist es *der* Weg im Heil. Deshalb muß aus einem »Wenig« kein Mangel entstehen, so wie aus einem »Viel« nichts Überragendes oder gar ein Laster werden muß.

Der esoterische Handleser deutet die sich in der dargebotenen Hand spiegelnde Erscheinung des Menschen auf zweifache Weise. Die erste Weise seiner Deutung legt dar, was dem Menschen aufgegeben ist und welche Fähigkeiten ihm zur Bewältigung dieser wesenhaften Aufgabe zur Verfügung stehen. Die zweite Weise der Deutung zeigt auf, wie der Mensch an seine Aufgabe herangehen sollte; wie er also ihm günstige Energien mobilisieren kann und voranschreitend mögliche Blockierungen seinem Vermögen gemäß lösen könnte.

In solcher Weise kann nur deuten, wer tatsächlich den Menschen als Ausdruck des Wesenhaften versteht. Mit diesem tatsächlichen Verständnis ist jedoch keine logische Induktion gemeint, sondern das, jenseits der Ratio liegende Seinsempfinden, in sich alles Menschsein zu bergen. Wer diese Weite in sich erfahren hat, wird beim Deuten aus diesem Grund heraus sprechen, und seine Deutung wird entsprechend fundiert, von großer Tiefe und menschlicher Reife sein. Wer sich freilich selbst nur oberflächlich beäugt hat, der wird beim Handlesen auch nur an der Oberfläche kratzen können. Seine Aussage wird daher wenig Wahres enthalten. Denn wer sich dem Wahren in seinem Gegenüber nähern möchte, muß sich tief in ihm finden.

Die Deutung ist das Erfassen einer Bewegung. Der Mensch im Moment der Deutung ist deswegen nicht nur das wahrnehmbare Jetzt, sondern die gesamte Bewegung vom Anbeginn seiner Erscheinung bis zu seiner Entäußerung. Allerdings ist diese Bewegung nur scheinbar determiniert. Denn sie bezieht die ihr innewohnende Dynamik aus dem Widerstreit zweier unterschiedlicher Kräfte. Es ist zum einen die treibende Kraft des Aufgegebenen und zum anderen die statische Kraft der Ichverhaftung. Je nachdem, welche Kraft den Verlauf des Lebens gewichtet, ändert sich der Bewegungsbogen und somit ändern sich auch die Zeichen in der Hand. Die Aufgabe des Deuters ist es, nicht nur den im Jetzt wirkenden Ausdruck der Bewegung zu erklären, sondern auch ihre möglichen Veränderungen zu erfassen. Dabei kann neben Zeichen, die in die Zukunft weisen, auch die mögliche Klärung von Vergangenem Energien lösen und der Bewegung eine andere Richtung geben.

Die Zeichen der Hand sind Teile eines Gesamtbildes, und kein Zeichen steht für sich allein. Es ist immer nur im Kontext mit anderen Zeichen zu lesen, und diese sind wiederum in bezug zur Gesamthand zu setzen. Daher dürfen weder Mangel noch Fülle, die aus einem Zeichen sprechen, für sich allein gedeutet werden. Erst in Verbindung mit anderen Zeichen klärt sich, ob das Zuwenig zum Nachteil gereicht und ob das Zuviel Ausdruck von Überragendem oder etwa gar von Lasterhaftem ist. So können beispielsweise die Zeichen darauf hindeuten, daß es notwendige Aufgabe ist, einen etwaigen Mangel in einem Bereich durch Anstrengung zu überwinden, um seine Natur zu transzendieren.

Zum Handlesen sollte der Deuter stets beide Hände betrachten. Gewöhnlich blickt er in die linke Hand zuerst. Es ist die karmische Hand. Damit ist gemeint, daß aus ihr das Gerichtetsein eines Menschen, das ihm in seiner Wesenhaftigkeit Vorgegebene, ersichtlich ist. Die Linke ist die Hand, die bei all unseren Verrichtungen die rechte stützt und begleitet. In gewissem Sinne ist sie die beobachtende Hand. Ihre Zeichnungen sind feiner und vielfältiger als die der anderen. Darum liest der Handleser aus der Linken auch das Verborgene, das Unbewußte. Seelische Ausgeglichenheit oder Verspannungen sind in ihr komplexer verzeichnet. Manche nennen sie die Neigungshand, weil sich aus ihr lesen läßt, wie unser Leben sein sollte und welche Anlagen uns zur Seite stehen. Jedenfalls steht sie dem Göttlichen näher als die rechte, denn diese ist die Hand der Tat, die zugreifende, anpackende, mit der wir ins Leben greifen, um es in unserem Sinne zu gestalten. Darum nimmt sie der Deuter, um zu erfahren, wie wir mit dem uns Aufgegebenen umgehen, wie wir es umsetzen und wo wir vom Weg abweichen. Es ist die materielle Hand, in der unsere Ichverhaftung sich im wesentlichen ausdrückt. Sie ist eindeutiger strukturiert als die linke, vielleicht auch deswegen, weil sie die Kausalität unseres Handelns offenbart. Und so sucht in ihr der Handleser nach dem Wohin, um zu erkennen, ob wir auf dem in der linken vorgezeichneten Pfad bleiben oder wieder zurückfinden können.

Bei einem Linkshänder verkehrt sich die Bedeutung der Hände. Während sich bei ihm in der Linken das handelnde Element ausdrückt, gilt seine Rechte als die sensiblere Hand. Für den erfahrenen Handleser ist es nebenbei keine Schwierigkeit, einen Linkshänder auszumachen, da dessen rechte Handinnenfläche im Gegensatz zu der eines Rechtshänders feiner gezeichnet ist. Dies ist übrigens bei rechtsschreibenden Linkshändern nicht anders.

Auch beim Handlesen nähert man sich von außen dem Innen. Zunächst wird die Handform der Außenhand gedeutet und womöglich werden die Finger einer ersten Betrachtung unterworfen. Auch Handwurzel und Knöchel werden in die Beurteilung der Außenhand mit einbezogen. Mit der Sicht der Außenhand grenzt der Handleser charakterliche Grundzüge ein. Darauf wendet er sich der Innenhand zu. Zunächst erfaßt er das Energiepotential der Handberge in der Handinnenfläche und versucht, zu klären, in welcher Beziehung die Berge zueinander stehen. Im Gegensatz zum mantischen Handleser, der sich jetzt der Linienführung zuwenden würde, widmet der esoterische Handleser seine Aufmerksamkeit nun zunächst ganz den Fingern. Sie stehen symbolhaft für unsere geistige Lebenssphäre und unser Wirken darin. Bei der Einschätzung der Finger müssen neben der Innen- auch die Außenseite sowie die Knöchel – als die Fingeransätze – wieder mit einbezogen werden. Bevor der Handleser hierauf seine Aufmerksamkeit den Linien widmet, stellt er die Farbverteilung der Fingeraura fest. Zur Beurteilung der Linien sind die bis dahin gesammelten Ausdeutungen unerläßlich. Aus den Linien liest der Deuter, wie sich die in Anlage und Mächtigkeit gekapselte Energie zum Schicksalsstrom formt.

Entsprechend dem methodischen Vorgehen beim Lesen der Hand, geschieht auch der Vortrag der Ausdeutung. Zunächst wird die Grundhaltung beschrieben, dann das dem Menschen Aufgegebene formuliert, um schließlich nach der Feststellung der Anlagen den Menschen auf seinem Weg zu beschreiben.

Abschließend sei erwähnt, daß die in der Cheirologie übliche Zuordnung der Zeichen zu Planeten nur noch annähernd mit deren astrologischer Bedeutung übereinstimmt, sie ist allenfalls von überlieferter Symbolhaftigkeit. Es waren mittelalterliche arabische Gelehrte, die die Verbindung von Astrologie und Cheirologie knüpften. Lange Zeit war sie auch in Europa üblich, bis sich mit der Romantik wieder eine psychologischere Betrachtung der Hand durchsetzte.

Die Handteilung, Sinnbild menschlicher Entwicklung

Der Handleser teilt die Hand in mehrere teilweise einander überschneidende Zonen. Sie sind für die Beurteilung der Gewichtung des Menschen überaus bedeutungsvoll. Von der Ausdehnung einzelner Zonen, ihrem proportionalen Mißverhältnis schließt der Deuter, inwieweit die Natur seines Gegenübers ausgeglichen ist, beziehungsweise in welchem Bereich der Schwerpunkt der Energien und damit auch der möglichen Lebensauseinandersetzung liegt. Es ist die Spannung zwischen dem Ich und Du sowie die erdhafte, seelische und geistige Natur des Menschen, die sich in gewissen Zonen der Hand manifestiert. Dabei liegt der Zoneneinteilung wieder die Vorstellung einer Idealhand zugrunde. In den Abweichungen zeigt sich dann bereits in groben Umrissen das uns Aufgegebene.

Die vertikale Gliederung der Hand

Die Hand wird einmal vertikal und einmal horizontal geteilt. In der vertikalen Teilung drückt sich mehr die weltliche Behauptung eines Menschen aus, während sich in der horizontalen Teilung seine innerliche Präsenz vergegenwärtigt.

Eine erste grobe Längsteilung ist die Gliederung der Hand in zwei Hälften (Abb. 2). Die Achse verläuft in etwa durch den Saturnfinger (Mittelfinger) und endet mit dem unteren Bogen der Lebenslinie.

Die Ichseite ist dem Daumen zugewandt, ihr gegen-

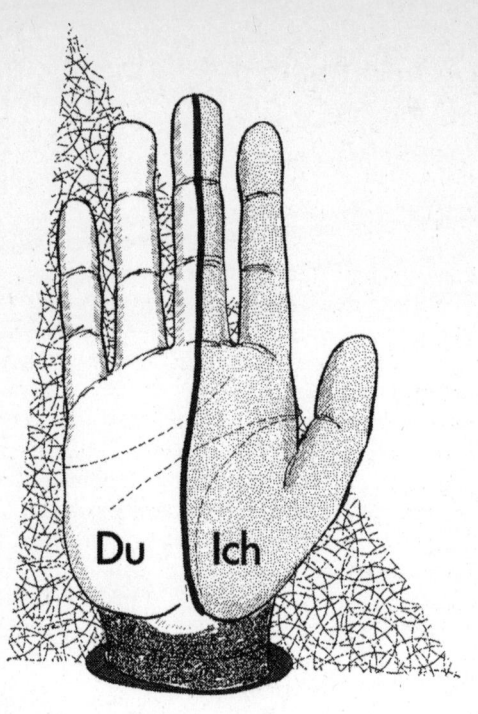

Abb. 2

über liegt die Du-Seite. Es wäre falsch, die Ich-Seite den Egokräften einfach gleichzusetzen, denn die Strukturen des Egos verteilen sich in subtiler Weise über die ganze Hand. Freilich wirken sie auf der Ich-Seite konkreter. Es ist der Bereich der Selbstbehauptung und der aktiven Lebensgestaltung. Die hier wirkenden Vitalkräfte verschaffen dem Wesenhaften die Handlungsgrundlage, indem sie in gewisser Weise triebhaft den Menschen zur Aufnahme des Daseinskampfes drängen.

Von der Du-Seite wird der Mensch angesprochen und

erfährt sich so als ein Selbst. Trotzdem liegt dieses Du nicht außerhalb des Menschen und seiner Innerlichkeit. Es ist vielmehr ein dem Egozentrum ferner Bereich. In ihm liegt das den Menschen Gemeinsame, das archetypische und psychologische Grundmuster. Auf dieser Seite zeigt sich aber auch unsere Fähigkeit, mit dem uns Fernen und scheinbar Gegenüberstehenden in Kommunikation zu treten und dadurch unser Selbst zu formen. In diesem Bereich wirkt andererseits eine drängende Kraft, die die sich auf der Ich-Seite manifestierende Vitalkraft zu modifizieren versucht. Es scheint beinahe so, als würde hier das Wesenhafte im Urgrund des Unermeßlichen wurzeln.

Verschiebungen der Achse nach links oder rechts der Handmitte bedeuten entweder eine Einschnürung der Persönlichkeitsstruktur oder eine verstärkte Ichverhaftung. In welchem Maße diese Kräfte allerdings wirksam werden, hängt auch von dem in den Handbergen gebundenen Energiepotential ab.

Eine differenziertere vertikale Handteilung ist die Dreiteilung der Hand. Sie ist für den esoterischen Handleser von maßgeblicher Bedeutung (Abb. 3).

Um Daumen und Jupiterfinger (Zeigefinger) zeigt sich die Bereitschaft des Menschen, den Daseinskampf nicht nur aufzunehmen, sondern auch in seinem Sinne zu gestalten. Dieser Bereich wird vom Venusberg und Jupiterfinger gleichermaßen dominiert. Da allerdings in ihm überwiegend aggressive und fordernde Kräfte wirken, und er somit mehr dem männlichen Prinzip unterworfen ist, wird er auch richtigerweise als Jupiterfeld bezeichnet. Vitalkraft und Selbstbehauptung, Daseins- und Durchsetzungswille sind die wesentlichen Merkmale dieser Zone. Der Mensch sucht und behauptet seinen Platz in der Welt. Hat das Jupiterfeld zu viel Gewicht in der Hand, besteht die Gefahr, daß der Mensch aus selbstsüchtiger Neigung das ihm Aufgegebene außer acht läßt

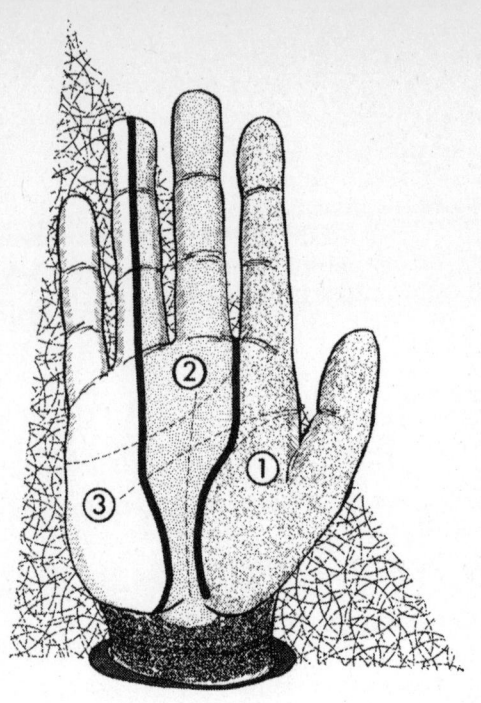

Abb. 3

oder es nur zur Stärkung seiner Selbstseligkeit verfolgt. Ist das Jupiterfeld hingegen von zu geringem Gewicht, fehlt dem Menschen meist die notwendige Potenz, die anderen Felder zu durchwirken. Er wird vielmehr den dort innewohnenden Kräften ausgeliefert sein und womöglich ihrem Einfluß unterliegen.

Die mittlere Zone wird vom Saturnfinger und der Schicksalslinie (Saturnlinie) beherrscht und gilt als das Saturnfeld. Aus ihm liest der Deuter die Fähigkeit des Menschen, sich mit der materiellen Welt auseinanderzusetzen und dem ihm Aufgegebenen Form und Ausdruck zu verleihen. In gewissem Sinne wirkt dieses Feld für das Wesenhafte, das sich dort im Spannungsfeld zwischen der treibenden Kraft (Jupiterfeld) und der drängenden Kraft (Mondfeld) materiell bewährt, wie ein Katalysator. Ob diese Bewährung schließlich auch eine karmisch lösende sein kann, bleibt dem Deuter mit letzter Gewißheit verborgen, allerdings kann er aus der Gewichtung der drei Felder zueinander ableiten, in welchem Maße der Mensch dabei auf sich oder andere zurückgreifen kann und mit welcher Vehemenz er seinem Auftrag gerecht werden müßte.

So kann ein zu breites Saturnfeld dem Menschen das Gefühl der Kraftlosigkeit vermitteln und ihn zu spiritueller Trägheit verleiten. Er wird mit der Gestaltung seiner Alltäglichkeiten so vollauf beschäftigt sein, daß es ihm schwerfällt, sie in einem größeren Kontext zu erfassen, geschweige denn, in seinen Handlungen das Getragensein durch eine größere Kraft zu verspüren. Andererseits kann ein zu schmales Saturnfeld wie ein zu enger Anzug empfunden werden, in dem man meint, daß bei jeder Bewegung die Nähte platzen müßten. Und so erweckt das zu enge Feld im Menschen leicht die Erwartung, daß selbst eine banalste Handlung von überragender Wirkung sein müßte. Ob letztlich ein solcher Mensch von grandioser Oberflächlichkeit ist, oder ob es ihm gelingt, gemessen und mit großer Tiefe zu handeln, zeigen andere Zeichen der Hand.

Je nachdem, wieweit das Saturnfeld aus der Mitte der Hand sich nach links oder rechts verlagert, beeinflussen entweder die Jupiter- oder Mondkräfte auch verstärkt die Handlungen des Menschen.

Die Basis des Saturnfeldes bildet der Neptunberg oder der Ort des Ursprungs, wie ihn die Chinesen nennen. Nicht immer ist der Neptunberg so ausgeprägt, daß er das Jupiterfeld auch räumlich von der dritten Zone, dem

Mondfeld, trennt. Das Saturnfeld ist dann etwas verkürzt, und den Handlungen des Menschen fehlt die zwingende Schwere ichhaften Verwirklichungsdranges, der in seinen dunklen Tiefen mit dem Wesenhaften verbunden scheint. Vielmehr ist sein Tun von einer gewissen Luftigkeit, die jedoch nicht als mangelnde Ernsthaftigkeit gedeutet werden kann. Es scheint eher so, daß der Wesenskern eines solchen Menschen mehr auf dem Dualismus zwischen dem Ich und Du fußt, anstatt egozentrisch aufgebaut zu sein.

Die Zone an der Außenkante der Hand wird im wesentlichen vom kleinen Finger, dem Merkurfinger, und dem äußeren Handballen, dem Mondberg, bestimmt. Sie wird Mondfeld genannt, weil in ihr hauptsächlich die dem weiblichen Prinzip zugeordneten Kräfte wirken. Es ist die ichferne Seite des Menschen. In ihr zeigt sich seine Empfindsamkeit für das auf ihn Einwirkende und seine Kommunikationsfähigkeit mit dem ihm Entäußerten. Der Mensch ist in diesem Sinne nicht nur Teil der Welt, sondern er ist die ganze Welt. An seiner Aufnahmebereitschaft und seiner Hingabefähigkeit liegt es, wie die Welt in ihm wirkt und wie sich das ihm Aufgegebene über seine, dem Menschen eigene, Unmittelbarkeit hinaus auch im anderen manifestiert. Zudem sind in diesem Feld solche Kräfte wirksam, die der Mensch beim Streben nach transzendentem Erleben aktiviert. Menschen mit einem überproportionalem Mondfeld sind daher einer idealisierten, von archetypischen Bildern durchsetzten Weltsicht eher zugeneigt als andere. Hingegen weist ein zu schmales Mondfeld meist einen Menschen aus, der die Welt aus seiner eigenen Vorstellung heraus erlebt und zu bestimmen versucht. Einem solchen Menschen macht es oft erhebliche Mühe, ein anderes als sein gedachtes Weltbild wahrzunehmen.

Stößt das Jupiter- und Mondfeld direkt aneinander, so wurzelt der Mensch mit einem Fuß in einer über das

Diesseitige hinausreichende Ebene. Ein solcher Mensch ist nicht zwingend auch ein spiritueller Mensch. Er kann sich ebenso als Wanderer zwischen zwei Welten erfahren und möglicherweise dazu neigen, das Gefühl der Heimatlosigkeit durch einen polaren Lebensentscheid zu überwinden. Auf der materiellen Ebene des Jupiterfeldes stützt ihn dann ein Übermaß an Intuition, während ihm bei der spirituellen Verwirklichung die Jupiterkräfte eher hinderlich sein werden.

Zusammenfassend gesehen liest der Deuter aus der vertikalen Dreiteilung der Hand, in welchem Maße vitale und geistige Kraft, persönliche und allgemeine Präsenz, Bewußtes und Unbewußtes aufeinander einwirken und unsere Handlungen beeinflussen. Gleichfalls erkennt er, in welcher Weise unsere Persönlichkeit gewichtet ist. Es ist sozusagen eine erste Klassifizierung des Typus. Vordergründig sind dies folgende drei Grundtypen:
– der handelnde Mensch, bei einem ausgeprägten Jupiterfeld;
– der sachliche Typ, bei einem Übergewicht des Saturnfeldes und
– der bildhaft Erlebende, bei einem allzu mächtigen Mondfeld.

Über diese Einteilung hinaus werden die Felder auch zur Ausdeutung der Handberge wieder hinzugezogen. Denn aus der Beziehung der Berg- und Feldgrößen zueinander liest der Deuter auch, ob wir die Strukturen unseres Egos im Einklang mit dem uns Wesenhaften ausgebildet haben und somit in Harmonie unsere materiellen Gegebenheiten meistern können.

Die horizontale Gliederung der Hand

Während die vertikale Handteilung den aktiven Menschen in seiner gegenwärtigen Auseinandersetzung mit der Welt als eine gestaltende Kraft versteht, die die dinglichen Voraussetzungen für das Wirken des Wesenhaften schafft, symbolisiert die horizontale Handteilung die psychische Konstitution und spirituelle Entwicklung des Menschen.

Auch bei der horizontalen Handteilung gelangt der esoterische Handleser von der zunächst gröberen Sicht der mantischen Deuter zu einem differenzierteren geistigen Bild des Menschen.

Bei der gröberen Teilung der Hand gliedert man die Hand in drei Zonen (Abb. 4). Diese Gliederung gilt gleichermaßen für die Innen- wie für die Außenhand. Wobei zur Beurteilung der Außenhand diese Dreiteilung hilfreicher ist als für die Sicht der Innenhand. Wenn der untere Bereich der Natur zugeordnet wird, so ist damit nur am Rande die körperliche Verfassung gemeint; vornehmlich wird nämlich dabei das Triebhafte im Menschen verstanden. Es sind hierbei aber nicht nur seine vitalen, zum Überleben notwendigen Elementarkräfte und -bedürfnisse gemeint, sondern auch seine darüber hinausreichenden ichverhafteten Wünsche und Neigungen, deren Befriedigung jedoch von hauptsächlich materieller Art sind.

Der Gürtel der Psyche umfaßt die Handmitte. Hier erkennt der Deuter in der Gestalt der Knöchel und der Ausformung der oberen Handberge der Innenhand die grundsätzliche psychische Stabilität und die seelische Empfindsamkeit gegenüber den Fährnissen des Lebens. Der Begriff Psyche für diese Zone ist im übrigen weiter gespannt als im allgemeinen psychologischen Verständnis. Er beinhaltet gleichermaßen die uns lenkende Kraft der Ratio.

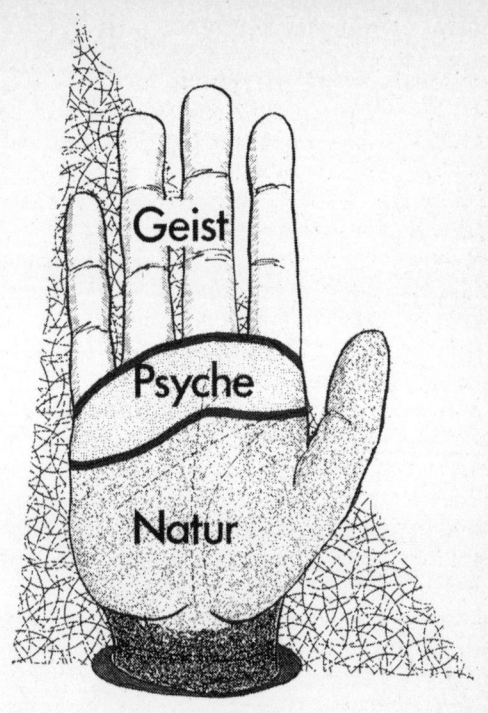

Abb. 4

Die vier oberen Finger weisen über den Menschen hinaus in den Bereich der Transzendenz. Sie symbolisieren unser Hingespanntsein zu einer geistigen Kraft, die nicht nur im Keim in uns ruht, sondern in der wir gleichermaßen ruhen. So werden die Finger zum Symbol für die uns innewohnende Sehnsucht zum *All-ein-sein*. In diesem Sinne soll auch der Begriff Geist verstanden werden, als das im Unermeßlichen Ruhende, uns Belebende, eben das, was jenseits der Schwelle unseres Verstandes liegt.

Aus der Gewichtung der drei Zonen leitet der Handleser ab, inwiefern der jeweilige Mensch entweder von erdhafter bodenständiger Natur ist, oder ob sein Schwerpunkt mehr von empfindsamer Unruhe beziehungsweise feuriger Vernunft ist. Der Daumen wird übrigens bei dieser Gewichtung nicht berücksichtigt. Er gilt sozusagen als Gegenhand und wird eigenständig gedeutet.

Diesem ersten Blick folgt dann eine differenziertere Schau. Dabei werden die Handinnenfläche und die oberen vier Finger voneinander gesondert betrachtet. Zunächst widmet der Deuter seine Aufmerksamkeit der Handinnenfläche.

Im eigentlichen ist diese Einteilung der Handfläche (Abb. 5) nur eine zusätzliche Gliederung des körperhaften Bereiches, wie ihn die mantischen Handleser verstehen. Die Zone der Natur des Menschen beschränkt sich jetzt auf den Venus-, den Neptun- und den Mondberg. Es ist der Bereich, in dem urwüchsige Vitalkräfte wirken und bis in die Fingerspitzen strömen. So wie der Mensch einerseits im spirituellen Sinne aus den Fingerspitzen genährt wird, so fußt andererseits seine materielle Existenz auf der unteren Zone. Je kräftiger sie ausgeprägt ist, desto mehr stützt sie ihn im Daseinskampf, fordert aber auch ihren Tribut. Und so kann der Deuter aus einer überproportionierten Basiszone durchaus ableiten, daß dieser Mensch im wesentlichen seinen körperlichen Bedürfnissen vom Sex bis hin zum Sport huldigt, beziehungsweise im Übermaß sinnliche Befriedigung bis hin zum Gebrauch von Rauschdrogen sucht.

Aus dem mittleren Bereich, der Zone der Handlung, liest der Deuter, in welcher Weise der Mensch seine Vitalkräfte umsetzt, um dem ihm Aufgegebenen zu folgen oder im bewußten oder unbewußten Widerspruch hierzu seinen Schicksalsfaden spinnt. Es ist der Bereich, in dem die materiellen Lebensauseinandersetzungen ihre Spu-

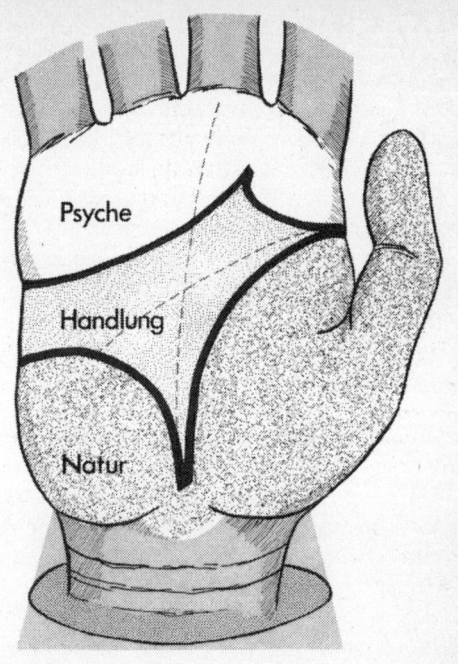

Abb. 5

ren hinterlassen. Je weiter sich die Zone der Handlung ausdehnt, desto wichtiger scheint dem Menschen die sachliche Auseinandersetzung und die Behauptung seines Selbstverständnisses. Stets aufs neue wird er Auseinandersetzungen eingehen und sich handelnd einbringen, da er nur aus solcher Bewegung heraus sich selbst seiner Persönlichkeit gewahr werden kann.

Im oberen Bereich, dem Gürtel der Psyche, drückt sich nicht nur unsere seelische Empfindsamkeit und Stärke aus, sondern auch unsere Anlagen und Fähigkeiten liegen hier verborgen. Ob sie letztlich in unserem Seelenleben verborgen bleiben oder zutage treten und sich unserem Auftrag gemäß verwirklichen, hängt zum Großteil davon ab, wie wir in der Zone der Handlung unser Schicksal angehen.

Die Dreiteilung der Finger (Abb. 10) soll als letztes Element der grundlegenden Klassifizierung der Hand hier gleichfalls besprochen werden, obwohl sie im Kapitel über die Deutung der Finger nochmals Erwähnung finden wird.

Während sich bei der vertikalen und horizontalen Teilung der Handfläche in verschiedenen Zonen Parallelen auftun, scheinen die Finger auf den ersten Blick anders gegliedert zu sein. Doch auch hier setzt sich im Prinzip die gleiche Entwicklung fort. So wie in der Handfläche als sichtbarer Lebensausdruck die materielle Ebene die Basis bildet, so erscheint als faßbarster Ausdruck geistigen Seins die Egokraft als unterstes Fingerglied. Und als Pendant zur Zone der Handlung wirkt gleichfalls in der Mitte der niemals ruhende, sich selbstbewußte Verstand. Das oberste Fingerglied krönt die Hand und ist in gewissem Sinne zugleich eine Entsprechung der Psyche, da der Weg zu seinem Verständnis gleichfalls ein Weg nach innen ist. Auch wenn mit Ego und Logos sich zwei psychische Kräfte in den Fingergliedern ausdrücken, so sind sie dort allerdings anders zu bewerten als im Gürtel der Psyche. Es sind hier im Gegensatz zur Handfläche aus der Nähe des Geistes genährte Wesenszüge, die ausschließlich spirituell zu verstehen sind. So gilt hier das Ego nicht als handelnde und treibende Vitalkraft, sondern als die im Ich gesammelte Fülle an Erfahrung des bewußten Menschen. Ein verhältnismäßig großes unteres Fingerglied weist jedoch nicht auf ungewöhnlich große Erfahrung hin, sondern verrät vielmehr dem Deuter, daß der Mensch eher dazu neigt, aus ichverhafteter Dichte heraus sich dem Geistigen zu nähern, und so versucht, es sich eigen zu machen.

Das mittlere Fingerglied gibt darüber Auskunft, in welchem Maße der Mensch geistige Prinzipien durch seinen Verstand erfaßt und für sich deuten kann. Nicht umsonst ist es auch Mittler zwischen Ichbewußtheit und ichfernem Lebensstrom. Dieses Glied verrät jedoch, selbst wenn es dem Logos zugeordnet ist, nichts Eindeutiges über die Intelligenz des jeweiligen Menschen, sondern in ihm sucht der Handleser vielmehr den vom Geist Geweckten, eben jenen wachen Menschen, der um seine Grenzen weiß.

Das obere Fingerglied ist dem Menschen fern und trotzdem nah. Auch wenn in ihm das Geistige wirkt, so ist es nicht das Geistige. Es bleibt ein menschlicher Bereich. Freilich ist es jener Bereich, der dem ichverhafteten Wesenskern entzogen ist. Es symbolisiert unser Vermögen, in stiller Zwiesprache das Unermeßliche in uns vernehmen zu können.

Insgesamt gesehen zeigt sich in den Fingern vornehmlich die Gewichtung des Wesenhaften. Nicht mehr das uns Aufgegebene drückt sich darin vorrangig aus, sondern die Fähigkeit des Menschen, über seine materielle Gebundenheit hinaus das ihn Beseelende wahrzunehmen oder auch sich ihm zu verweigern.

Zum Abschluß dieses Kapitels sei bemerkt, daß aus der Dreiteilung der Hand noch keine konkreten Schlüsse gezogen werden können. Sie sollte dem Handleser jedoch stets vor Augen sein, weil sie die gesamte Signatur der Hand grundlegend ordnet und gewichtet und letztlich als karmisches Prinzip den Menschen in seiner Entwicklung und Handlung versinnbildlicht.

Die Außenhand

Das sphärische Erfassen

Mit der Betrachtung der Außenhand und deren Deutung leitet der Handleser im allgemeinen seine Aussagen ein. Er nähert sich so auf behutsame Weise über das Äußere dem Inneren. Dies ist eine dem Menschen verständliche und genehme Vorgehensweise. Ist doch der erste Eindruck, den wir vom anderen gewinnen, die Erfassung seines Äußeren. Und die äußere Gestalt ist nicht nur eine dem Menschen gegebene, sondern in seiner speziellen Ausformung auch eine von ihm gewollte. Gleiches gilt auch für die Außenhand. In ihr zeigt sich nicht nur das grundlegende Temperament eines Menschen, sondern sie verrät dem Deuter auch etwas über das nach außen getragene Selbstverständnis seines Probanden. Mit der Außenhand nämlich schirmt der Mensch seine Innenhand ab. Es sind daher stets nur kurze Momente, in denen wir unser Inneres nach außen kehren und unsere Handflächen vorweisen. Öffnen wir hingegen unsere Hand für eine längere Weile, so setzt dies meist auch eine vertrauliche Situation voraus; denn mit der nach außen gekehrten Hand offenbaren wir uns auch auf unbewußte Weise.

In Kenntnis der Außenhand läßt sich zwar die Signatur der Innenhand zuverlässiger ausdeuten, indessen genügt die Sicht der Außenhand keineswegs für eine vertretbare Beurteilung der Person. Sie kann, da ihre Merkmale hauptsächlich von allgemeiner Art sind, nur erster Schritt zu einem allmählich deutlicher werdenden Bild sein. Die Signatur der Innenhand ist gewissermaßen die Auskleidung der durch die Gestalt der Außenhand vorgegebenen Form; und dies kann wie die Innengestaltung eines Hauses auf vielfältige Weise geschehen. Meist ist die Signatur der Innenhand eine differenziertere Ausformung der tendenziell angesprochenen Struktur der Außenhand, jedoch kann es gelegentlich vorkommen, daß sich ein Mensch durch seine Außenhand ganz anders darstellt, als er sich selbst in seiner Innenhand lebt. Er verbirgt quasi sein Selbst hinter einer falschen Fassade. Dies kann, egal ob von ihm gewollt oder ihm aufgegeben ist, zu Spannungen in seinem Selbstverständnis führen, da seine Umwelt eher auf seine Fassade reagiert als auf sein von ihm erlebtes Selbstverständnis. Solche Menschen haben oft große Schwierigkeiten, zu ihrer Identität zu finden, sich ihrer Mitte gewahr zu werden.

Die Wirkung der Außenhand ist in erster Linie eine sphärische. Diese Wirkung nimmt auch der Handleser auf und registriert sie. Es ist zunächst eine simple Klassifizierung, deren Bedeutung sich meist selbst aus der Gestalt der Hand erklärt. So läßt die knotige Hand eine konservative und introvertierte Grundhaltung vermuten, so wie hinter einer Krallenhand ein vereinnahmendes Persönlichkeitsbild assoziiert wird, oder wie eine träge »Patsche« meist zu einer sinnlichen Person gehört. All dies sind grundlegende Tendenzen, die jedoch im wesentlichen die Art und Weise der Zuwendung des jeweiligen Menschen zu seiner Umwelt andeuten.

Auch weitere Merkmale wie die Handstärke oder ihre Elastizität können bildhaft übernommen werden. Die Handstärke erfaßt der Handleser, indem er die Handfläche in ihrer Mitte zwischen Daumen und Zeigefinger nimmt. In einer zu dünnen Hand kann sich Energie nicht lange halten, sie verpufft zu rasch. Wird sie jedoch bedachtsam eingesetzt, ist ein solcher Mensch mehr als andere zu ausdauernden Leistungen fähig. Meist drückt sich diese Eigenschaft auch in einer sehnigen Hand aus. Ein Mensch mit einer zu dicken Hand verfügt hingegen über eine hohe Anfangsenergie, ob er aber auch das notwendige Durchhaltevermögen besitzt, zeigt sich an anderer Stelle. Prinzipiell haben Menschen mit zu starken Händen eher eine erdhafte körperbezogene Natur.

Die Elastizität der Hand wird neben dem prüfenden Druck auf die Handmitte auch durch Drücken der Handknöchel festgestellt. Dazu preßt der Deuter die Knöchelreihe mit Daumen und Mittelfinger.

Je mehr sich die Reihe unter seinem Druck verformt

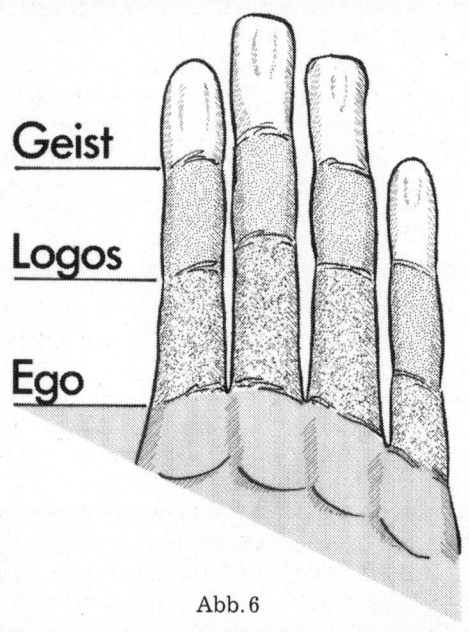

Abb. 6

(Abb. 6), um so weicher ist auch der Charakter des Probanden. Duldsamkeit, Anpassungsfähigkeit, Toleranz und Entgegenkommen werden ihm keine große Mühe machen. Andererseits dürfte ihm ein Mensch mit fester

Hand an Hartnäckigkeit und Widerstandskraft überlegen sein.

Die Haut der Hand ist im wesentlichen der täglichen Befindlichkeit des Menschen unterworfen, insbesondere was ihre Farbe betrifft. Stellenweise Rötungen, Abschälungen und dunkle Verfärbungen werden als Störungen empfunden, die sich auf die jeweilige darunterliegende Signatur beziehen. Bei der Beurteilung der Außenhand achtet der Deuter jedoch mehr auf die Beschaffenheit der Haut und ihre Behaarung. Auch hier findet er Merkmale, die die sphärische Tendenz verstärken, beziehungsweise differenzieren. Wieder kann die bildhafte Umschreibung der Hauteigenschaft als nuancierte temperamenthafte Eigenheit des Menschen übernommen werden. So verknüpft man mit der festen, ledernen Haut Zähigkeit und Gelassenheit, während dem Dünnhäutigen Feinsinn und Edelmut zugesprochen wird. Ähnlich wird die Behaarung des Handrückens gewertet. Sie verdeutlicht das männliche Prinzip, das um so mehr in Erscheinung tritt, je stärker die Behaarung ist. Im Gegensatz dazu wirkt verstärkt das weibliche Element, je weniger Haare auf dem Handrücken wachsen.

Mit der Sicht der Handgröße steht dem Handleser eine weitere Möglichkeit zur Verfügung, die Erscheinung seines Gegenübers auszuloten. In der zu großen Hand drückt sich ein Übermaß an Wahrnehmungskraft aus. Ein Mensch mit einer solchen Hand scheint das Leben förmlich trinken zu wollen, und läuft so leicht Gefahr, daß seine enorme Aufnahmefähigkeit schließlich zur Erbsenzählerei verkümmert; denn da er mit Gründlichkeit alles absorbieren möchte, verliert er sich womöglich im Detail. Hingegen ist das Wahrnehmungsvermögen bei einem Menschen mit einer kleinen Hand konzentrierter. Er hat kaum Schwierigkeiten, das Wesentliche zu erfassen und sich grobe Überblicke zu verschaffen. Andererseits begünstigt diese Eigenschaft das Manko der Flüchtigkeit und der mangelnden Präzision.

Die Handknöchel werden zwar im Kapitel über die Deutung der Finger nochmals eingehend betrachtet, doch auch zur Beurteilung des Phänomens der Außenhand sind sie von Bedeutung. Dazu läßt der Handleser den Probanden die Faust schließen – die Handknöchel treten dann in unterschiedlichem Maße hervor (Abb. 7). Bei Kindern sind sie noch in den Handrumpf eingebettet, darum haben Menschen mit schwach hervortretenden Knöcheln oft etwas Kindliches an sich. Sie sind spontan, rasch zu begeistern und neigen nicht zu ausgeprägter Urteilsschärfe. Bei Menschen mit tief abgesetzten Knöcheln verstärken sich die entgegengesetzten Eigenschaften. Sie verfügen über Urteilsschärfe, sind bedachtsam und geben im Zweifel eher der Ordnung den Vorrang als einer etwaigen Lebhaftigkeit.

Die letzte in diesem Kapitel vorgestellte Möglichkeit, die Außenhand sphärisch zu begreifen, führt zugleich näher an das Lesen der Hand heran. Denn bei der Bestimmung des Schattenrisses der Handaußenkante sind es nicht mehr bildhafte Entsprechungen, die den Deuter leiten, vielmehr greift er nun auf das jahrtausendealte Wissen der Cheirologie zurück. Der Schattenriß wird durch drei Handberge geformt. Es sind dies der Mondberg, der Mars- und der Merkurberg, die in einem späteren Kapitel ausführlich besprochen werden. Je nachdem, wo die Handaußenkante ihre deutlichste Ausprägung hat, der Mensch sich gleichsam über sich selbst hinaus dem Wesenhaften nähert, bestimmt die Eigenschaft des Berges den nach außen getragenen Kommunikationsschwerpunkt. Damit ist der Bereich gemeint, zu dem wir am ehesten Ergänzung in unserem Gegenüber suchen. Liegt der Gipfelpunkt im unteren Teil der Hand, so wird er durch den Mond bestimmt. Phantastisches und Mystisches ist das tiefe Motiv für die Hinwendung

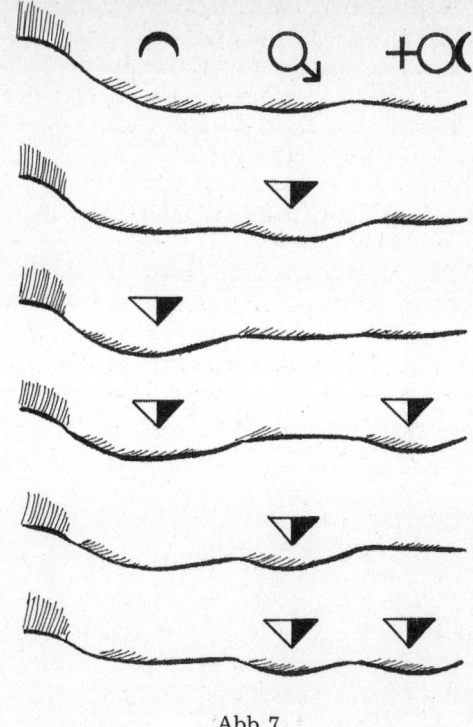

Abb. 7

dieses Menschenfreundes zu seinem Nächsten. Liegt die äußerste Handkantenausprägung mehr in der Mitte des Handrumpfes, so sucht die Person ihre Weiterung hauptsächlich auf einer sachlichen Ebene. Befindet sich hingegen der Gipfelpunkt nahe des Kleinfingerknöchels, so ist es die geistige Auseinandersetzung, die diesen Menschen anderen zugänglich macht. Ob es letztlich eine spirituelle Verbundenheit ist, läßt sich allerdings nur mit Kenntnis weiterer Zeichen der Hand feststellen.

Manche Handkanten dominieren zwei Ausprägungen.

In einem solchen Fall sollte der Deuter keine von beiden favorisieren, sondern beide zueinander in Beziehung bringen.

Die Handformen

Es gibt in der Cheirologie verschiedene Klassifizierungen der Handumrißgestalt. Je nachdem, von welchem Gesichtspunkt aus man das Handlesen betreibt, mehr psychologisch, mantisch oder spirituell, hat die eine oder andere Betrachtungsweise Vorrang. Für das esoterische Handlesen werden drei Grundformen angenommen. Hierbei spielt das Menschenbild eine grundlegende Rolle. Denn in der Hand zeigt sich nicht nur das Wesenhafte und das dem Menschen Aufgegebene, sondern auch in welcher Weise der Mensch diesem Auftrag seiner Natur gemäß entsprechen kann.

Es scheint beinahe so, als würde das Wesenhafte dem Menschen über die Handform den Weg weisen, auf dem er über sich selbst hinaus gelangen kann. In der Umrißgestalt der Hand und der sie bestimmenden Form des Handtellers sowie der Ausformung des Handgelenkes zeigt sich die elementare Kraft, die dem handelnden Menschen zu eigen sein wird. Und so unterscheidet der esoterische Handleser zwischen drei Handformen. Dies ist einmal die eckige Handform, deren Element die Erde ist. Ein anderes Mal ist es die spatelförmige Hand, deren Symbol das Feuer ist, und ein weiteres Mal die konische Handform, die mit dem Element Wasser in Verbindung gebracht wird.

Diese Handformen verändern sich im Lauf des Lebens prinzipiell nicht. Es kann aber sein, daß durch Fetteinlagerung, Verknorpelung oder Gewichtsabnahme die Handform ein wenig ihren Charakter ändert und von einem anderen Element etwas zu verkörpern scheint, doch bleibt dies dem erfahrenen Deuter nicht verborgen und bereichert höchstens seine Analyse. Das Grundlegende jedoch wird dadurch nicht verwischt, nämlich, daß das Wesenhafte so und nicht anders in diesem Menschen Gestalt geworden ist. Durch die Handform wird so der Mensch gewissermaßen an seinen Platz gestellt, indem ihm gesagt wird: »Du bist von solcher Art, und von solcher Art wird dein Weg sein; und nur in solcher Art wirst du ihn meistern können.«

Die Beurteilung, zu welcher Kategorie eine Hand gezählt werden kann, leitet sich von der Gestalt der Außenhand ab. Dabei ist die Gewichtung zwischen Finger und Handrumpf von zusätzlicher Bedeutung. Hat der Handrumpf das Übergewicht, so liegt der Schwerpunkt des Menschen im materiellen Bereich, womit eine im wesentlichen dingliche Auseinandersetzung mit dem Leben gemeint ist. Bei zu langen Fingern verlagert sich die Aufmerksamkeit gegenüber den Lebensforderungen auf eine geistige Ebene. Von welcher Güte sie ist, zeigen freilich andere Zeichen. Ebenso verdeutlicht erst die weitere Signatur, ob eine ausgeglichene Hand auch Harmonie bedeutet oder ob sich dahinter nicht vielmehr Unruhe und Zerrissenheit verbirgt.

Die eckige Hand

Bei der eckigen Hand (Abb. 8) ist der Handrumpf von erkennbarer großflächiger, annähernd quadratischer, manchmal auch rechteckiger Gestalt. Die Finger sind parallel gerichtet. Ein jeder weist für sich in die Weite des Raumes.

Aus dem bildlichen Verständnis einer solchen Hand ergibt sich, daß dieser Mensch seine Welt als eine regelbare versteht, und deswegen in sich das Bedürfnis verspürt, an ihrer Ordnung mitzuwirken. Er faßt seinen Lebensraum als eine Vernetzung von einander in Beziehung stehenden, räumlich unterschiedlich dominieren-

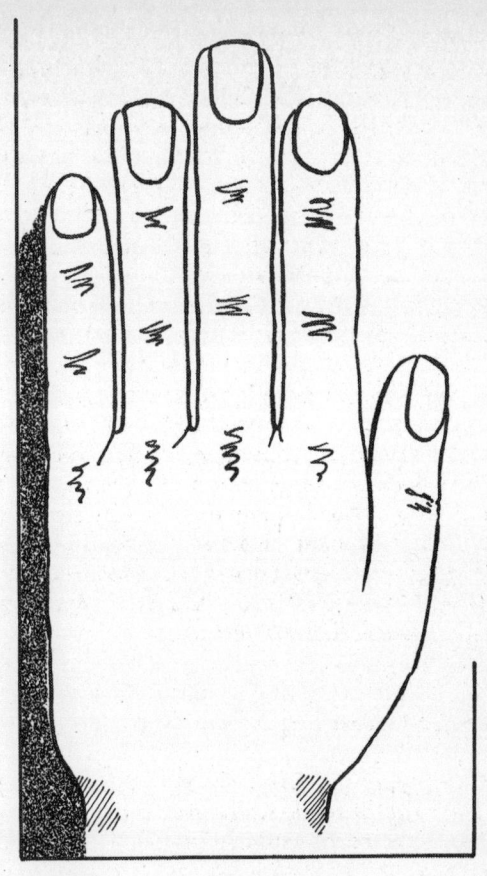

Abb. 8

den Bezugsgrößen auf. Sich selbst empfindet er darin als eine neben anderen wirkende Kraft, wobei es sein Bestreben ist, das Zentrum des von ihm wahrgenommenen Raumes zu beherrschen, beziehungsweise ihm zumindest nahe zu sein. Jedoch ist sein Einwirken auf diesen

Raum keine Handlung per se, sondern vielmehr Reaktion. Dieser Mensch ist, um gestaltend und ordnend tätig zu werden, in hohem Maße auf die Äußerungen seiner Umgebung angewiesen. Trotzdem sind seine reaktiven Handlungen durchaus eigenständig. Somit weicht er den materiellen Problemen seiner Welt nicht aus, scheint er doch auf eine notwendige Weise mit ihnen verbunden zu sein. Standfestigkeit und Zuverlässigkeit sind daher von ihm zu erwartende Eigenschaften und zugleich Voraussetzung für die Respektierung seiner Autorität. Und so wie er mit natürlicher Selbstverständlichkeit den Raum um sich als Objekt empfindet, der sich ihm mitteilt und auf ihn wirkt, damit er als Subjekt auf ihn einwirken kann, ebenso selbstverständlich tritt er auch auf geistiger Ebene einem objektiv Empfundenen gegenüber. Und so wie er auf der materiellen Ebene um seine Gestaltungskraft weiß, so weiß er hier um ihre Unmöglichkeit. Er bleibt dann der wahrnehmende duldsame Teil. Trotzdem erlebt er sich auch dabei als das mit der Welt in Beziehung tretende Subjekt, das jedoch dem Objektiven unerläßlicher Widerpart bleibt, denn nur in der Beziehung zum Ich wird das Du wahr. In seiner letzten Konsequenz erlebt das dieser Mensch als Begnadung. Dann glaubt er sich vom Göttlichen angesprochen, das dadurch wiederum in ihm seinen Sinn erfährt.

Die spatelförmige Hand

Wie ein Pokal öffnet sich die spatelförmige Hand (Abb. 9) sanft nach oben. Trapezartig wurzelt der Handrumpf mit seiner sich verjüngenden Basis auf dem Handgelenk. Die Finger weisen fächerartig in den Raum.

Diese Hand wirkt wie ein Kescher, mit dem der Mensch das Leben einzufangen versucht. Im Unterschied zu einer Person mit eckiger Handform geht die

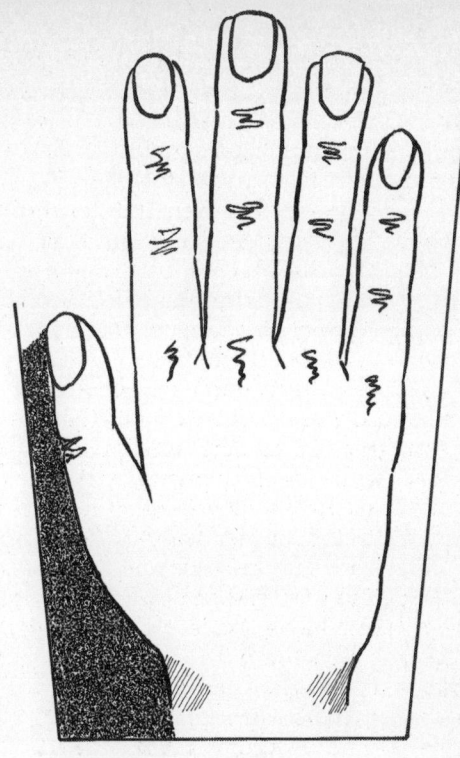

Abb. 9

Initiative von ihm aus. Dieser Mensch versteht sich als eine zum Leben hingespannte, es nehmende Kraft. Das Gegenüber ist das für ihn Zuvereinnahmende, das seiner Gestaltung Unterworfene. Er tritt mit ihm nur schwerlich in einen Dialog, vielmehr wird es für ihn zum Gegenstand seiner Hinwendung. Und in der Reaktion des anderen auf seinen Ansturm, egal ob sie von positiver oder negativer Natur ist, erfährt er sich in einer gültigen Weise. Genährt wird seine Kraft durch die sich scheinbar ungehindert entfaltenden Vitalkräfte der Handwurzel. Doch sein materielles Wirken erachtet ein solcher Mensch nur als Durchgangsstation zu höherem Erleben. Ebenso wie er aus sich heraus formend in die Welt greift, so versucht er, in den Himmel zu greifen und sich das, was ihm wesensfern ist, in seinem Sinne zu eigen zu machen. Und so wie er im materiellen Bereich in seine Schranken gewiesen werden muß, damit er zu sich selber findet, so muß er im spirituellen Bereich ins Leere greifen, damit er zum Verständnis seiner wahren Natur gelangen kann. Manch ein Mensch mit spatelförmiger Handform findet diesen Weg zu sich jedoch nicht. Er bleibt dann in ruheloser Bewegung, voller Sehnsucht danach, angesprochen zu werden, doch zu rastlos, um zuzuhören. Denn, seine Hand ganz einfach zu öffnen und den Raum auf sich wirken zu lassen, fällt ihm unsagbar schwer, widerspricht es doch gänzlich seinem vordergründigen Naturell. Und gelingt es ihm doch, so muß er sehr wachsam sein, daß ihn seine von ihm in den Raum projizierten Träume nicht als Widerspiegelung täuschen.

Die konische Hand

Der Handrumpf der konischen Hand (Abb. 10) verjüngt sich geringfügig zu den Fingern hin. Die Finger selbst weisen, würde man ihre Ausrichtung in den Raum hinein verlängern, auf einen Punkt knapp eine Handlänge entfernt.

So wie die Finger dieser Hand auf einen Punkt über sich hinausweisen, und somit das ihnen eigentlich Transzendent-sein-sollende in gewisser Weise immanent scheint, so scheint auch der Mensch mit dieser Handform dem Unermeßlichen etwas näher als andere zu sein. Jedenfalls ist ihm der spirituelle Weg selbstver-

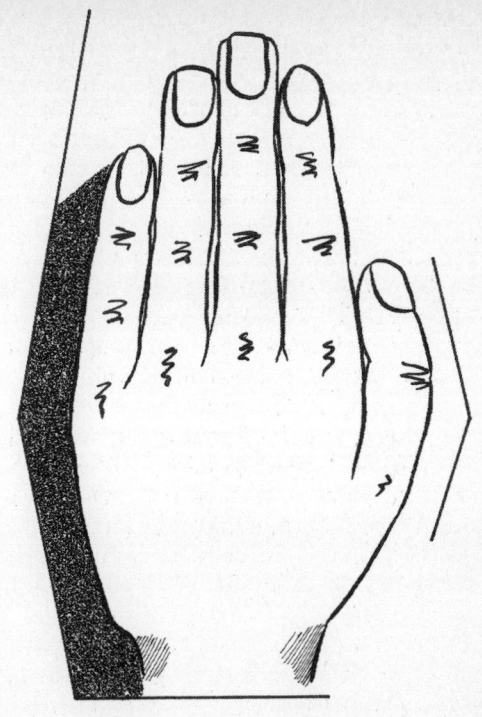

Abb. 10

ständlicher als die lästige materielle Bewährung. Der alltäglichen Auseinandersetzung weicht er lieber aus, als daß er sich widersetzend an ihr beteiligt. Es ist ihm daher lieber, im Strom der Ereignisse mitzuschwimmen und lediglich durch leichte, nicht störende Bewegungen die Richtung zu bestimmen, um möglicherweise dort zu stranden, wo die Forderungen der Welt ihm erträglich sind. Diplomatisches Geschick ist einem solchen Menschen deshalb lebensnotwendig, und er scheint dazu auch alle Voraussetzungen mitbekommen zu haben. Greift er auch nicht aktiv gestaltend in seinen Lebensraum ein, so ist er ihm jedoch aufmerksam zugewandt. Gelassen verfolgt er die Bewegungen, um in dem für ihn rechten Moment mit von der Partie zu sein. Geduld ist daher eine seiner herausragenden Eigenschaften. Auch reagiert er mit seismographischer Empfindlichkeit auf sich anbahnende Entwicklungen. Und mancher Mensch mit dieser Handform harrt auf Dauer in vibrierender Aufmerksamkeit auf die günstige Gelegenheit, seinem Leben eine andere Richtung geben zu können.

Lassen diese Eigenschaften jenen Menschen auf der materiellen Ebene mehr oder weniger am Rande stehen, so kommen sie ihm im spirituellen Bereich zugute. Denn hier werden seine passiven Wesenszüge zum Aktiva. Er ist fähig zur Hingabe und kann sich dem Namenlosen furchtlos öffnen. Für ihn ist es dann nicht ungewöhnlich, daß er in sich etwas Wirksames verspürt, wovon er weiß, daß es nicht zu seinem Selbstverständnis zählt. Allerdings unterliegt er auch der Gefahr, daß er voll Leidenschaft das Transzendente herbeisehnt, daß er diesem Sehnen Bilder unterlegt und somit letztlich nur Phantasiertes in ihm wirkt. Eine Korrektur aber scheint dann kaum mehr möglich, denn der materiellen Zurückhaltung einerseits, entspricht andererseits noch längst nicht spirituelle Bescheidenheit und Demut.

Die spirituelle und die elementare Hand

Unterstützend zur Beurteilung des durch Handform grundlegenden Ausgerichtetseins des Menschen unterscheidet der Deuter auch zwischen zwei Zustandsformen der Hand. Einmal ist dies die elementare Hand und zum anderen die spirituelle Hand. Letztere zeichnet sich durch besondere Feingliedrigkeit und betont schlanke

Finger aus. Sie wird auch gotische Hand genannt, da sie auf Bildern aus dieser Zeit oft dargestellt wurde.

Trägt ein Mensch eine spirituelle Hand, so bedeutet dies allerdings nicht, daß er auch ein religiöser Mensch ist. Vielmehr läßt sich daraus schließen, daß er in der Lage ist, mit einer natürlichen Selbstverständlichkeit geistige Sphären für sich zu erschließen. Wozu er sie letztlich nützt, ob für seine materielle Durchsetzungskraft oder für ein spirituell ausgerichtetes Leben, unterliegt seinem Selbstverständnis und ist für den Deuter aus der Signatur der Innenhand zu lesen. Jedenfalls bergen Menschen mit einer solchen Hand oft eine nervöse Empfindsamkeit in sich. Sie neigen gerne dazu, zu verabsolutieren und ihre Illusionen über die Wirklichkeit zu setzen.

Die elementare Hand verdeutlicht gleichsam das Gegenteil der gotischen Hand. Sie ist von kräftiger und gedrungener Natur. Ihr Besitzer steht mit beiden Beinen in dieser Welt. Er ist von bodenständiger Herzhaftigkeit. Er kann ebenso wie ein Mensch mit einer spirituellen Hand ein religiöses Leben führen. Tut er dies, dann ist seine spirituelle Erfahrung meist von problemloser Frische; denn sein Zugang zur Transzendenz kommt aus dem Bauch heraus und ist keine Kopfgeburt. Wegen seiner verdichteten Vitalität ist er auch impulsiver und von eindringlicherer, wenn auch gröberer Empfindsamkeit als sein Pendant.

Ob nun elementare oder spirituelle Hand, beide Hände sind zunächst nach der Handform einzuteilen. Die Gewichtung von Finger und Handrumpf verfeinert dann auch das gewonnene Bild von der Handform. Und die Zuordnung nach der Zustandsform gibt diesem Bild weitere Kontur. In jedem Falle sind die beschriebenen Eigenschaften, egal ob nun Handform oder Zustandsform, tendenzielle Aussagen, sie sind Rahmen für die Beschreibung des Menschen, den der Handleser im Verlauf der Deutung füllen muß. Erst dann zeigt sich, ob das Bild den Rahmen überstrahlt, mit ihm eine harmonische Einheit bildet oder von ihm erdrückt wird.

Linke und rechte Hand

Es ist nicht so, daß sich die Form der linken und rechten Hand stets einander gleicht. So kann die linke Hand spatelförmig sein und die rechte von konischer Form. Auch alle anderen Kombinationen sind möglich und kommen daher auch vor.

Diese Unterschiedlichkeit stellt einen Menschen dar, der in seiner psychischen Verfassung und Empfindlichkeit sich anders versteht, als er sich in seinen Handlungen ausdrückt. Er trifft für sich eine deutliche Unterscheidung zwischen innen und außen. Diese Zwiefältigkeit ist jedoch von ihm nicht gewollt, sondern ist ihm wesenhaft. Daraus läßt sich ableiten, daß seine spirituelle Entwicklung von anderem Format ist als seine materielle Behauptung. Spiritueller und profaner Bereich gestalten sich nicht konform. Dies kann dazu führen, daß ein solcher Mensch sich innerlich zerrissen empfindet. Denn entweder steht dem Geschick der Lebensgestaltung eine seelische Verkümmerung gegenüber, oder aber eine reiche Innerlichkeit wird von mangelnder äußerer Hinwendung konterkariert. Allerdings können sich die beiden unterschiedlichen Handformen auch positiv ergänzen, wie dies meist bei einer konischen Linken und einer eckigen Rechten geschieht. Manchmal erlebt ein Mensch mit zweierlei Handformen auch die vorbeschriebene Zerrissenheit nicht als eine innere, sondern als eine äußere. Er fühlt sich oft ganz einfach von seiner Umwelt falsch verstanden. Dies beruht jedoch darauf, daß andere ihn meist nur an seinen Taten messen können, jedoch nicht an seinem inneren Erleben.

Doch ebenso wie beim Menschen mit einheitlichen Handformen ist auch beim Menschen mit differierenden Handformen die Handgestalt zwingender Ausdruck des Wesenhaften. Während aber beim ersteren als letzte Konsequenz die karmische Lösung eine totale, nämlich in beiden Händen wirkende wäre, könnte sie beim Menschen mit unterschiedlichen Handformen eine bruchstückhafte sein. Es wäre so durchaus möglich, daß dieser Mensch zwar dem ihm Aufgegebenen gerecht wird, jedoch die Kette von Ursache und Wirkung auf der weltlichen Ebene nicht durchbricht. Der umgekehrte Fall läßt sich gleichfalls denken. Womöglich liegt hierin eine Erklärung für Samadhi und Satori, zwei verschiedene Stufen der Erleuchtung.

Die Mischhand

Nicht immer ist die Umrißgestalt der Hand so einwandfrei zu bestimmen; denn es gibt genügend Hände, die zweierlei Formkomponenten aufweisen. So kann eine Hand beispielsweise zwar einen spatelförmigen Rumpf haben, während die Finger sich konisch zusammenfügen. In solchen Fällen ist die Deutung noch um einen weiteren Grad zu differenzieren. Die Form des Handrumpfes entspricht dem Ausdruck des Wesenhaften in der dinglichen Welt und die Fingerform der Manifestation in der geistigen Welt.

In der linken Hand bedeutet diese Mischform, daß der Mensch seine Welt auf zweierlei Weise wahrnimmt. Die materiell psychische Empfindsamkeit wird durch die Form des Handrumpfes determiniert, während die geistigen Eindrücke durch den Umriß der Vierfingergestalt ihre Festlegung erfahren. Auf der spirituellen Ebene offenbart sich in der Form des Handrumpfes, wie wir das uns Aufgegebene in der dinglichen Welt erfassen sollten, und in der Fingerform zeigt sich, in welcher Art wir Kontakt zu dem uns wesensfernen Transzendenten finden können. So wird ein Mensch mit der zuvor beispielhaft erwähnten Handform auf der materiellen Ebene sich tatkräftig um die Erkenntnis des in ihm Angelegten bemühen, während er gleichzeitig durch selbstlose Hingabe das Transzendente in sich einläßt.

In der rechten Hand wirkt sich die Mischform dahingehend aus, daß aus der Form des Handrumpfes erkennbar wird, wie ein Mensch in seinen Lebensraum hineinwirkt beziehungsweise wie er das ihm Aufgegebene verfolgt. Die Vierfingergestalt gibt hingegen Auskunft, in welcher Weise er sich auf der geistigen Ebene seiner Umwelt nähert und sich ihr gegenüber äußert und auf sie reagiert. So wird ein Mensch, um das Beispiel fortzuführen, mit einem spatelförmigen Handrumpf und einer konischen Vierfingerform einerseits tatkräftig das Leben in seinem Sinne gestalten wollen und andererseits mit viel Feingefühl unterschwellige Strömungen aufnehmen und versuchen, sich mit vornehmer Zurückhaltung ihnen anzupassen.

Die Handwurzel

Die Eigenheiten der Handwurzel und des Handgelenkes (Abb. 11) sind den Eigenheiten der im nächsten Kapitel beschriebenen Handberge ähnlich. So wie die Handberge birgt auch die Handwurzel ein beachtliches Energiepotential. Doch während der Mensch die Energien der Handberge entweder in dem ihm aufgegebenen oder aber in seinem ichgewollten Sinne lenken und einsetzen kann, so ist dies mit den in der Handwurzel ruhenden Kräften nicht möglich. Es sind treibende, urgründige Kräfte, die aus der Tiefe des allen Menschen gemeinsamen Urborns strömen.

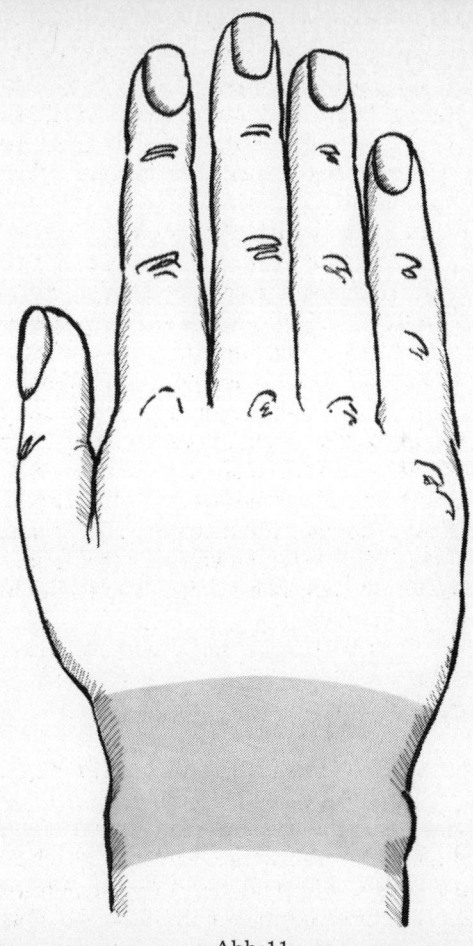

Abb. 11

Diese Kräfte steigen im allgemeinen nicht sehr weit auf. Sie sind erdnah an den Raum gebunden. Aus spiritueller Sicht entsprechen sie einer lemurenhaften Kraft, die auf diffuse Weise archetypische Bilder transportiert. Je stärker und massiger Handwurzel und Handgelenke ausgeprägt sind, um so heftiger können elementare Erd- und triebhafte Naturkräfte den Menschen bedrängen und in seinem Bewußtseinsschatten eine mächtige Bilderwelt beleben. Da es zwar ichtragende aber vom Ego nicht beeinflußbare Kräfte sind, kann sie der Mensch entweder nur in seine Persönlichkeit integrieren und dadurch einigermaßen beherrschen, oder er versucht, sich zu seinen Wurzeln hin zu versperren.

Dieser Versuch ist allerdings meist ein unzulänglicher. Von Fall zu Fall durchbrechen dann diese urgründigen Kräfte den aufgeschütteten Damm und überschwemmen schier den Menschen. Wobei sodann jeder auf diese, als emotionale Einbrüche empfundenen Überflutungen anders reagieren wird. Der eine mag in eine tiefe Depression verfallen, während ein anderer sich durch Drogen die Bilderflut zu eigen machen möchte. Ein Dritter wird versuchen, die Kräfte durch sexuelle Aktivitäten zu kanalisieren oder erst nach heftigen affektiven Ausbrüchen wieder zu sich kommen.

Während der Wurzelansatz nur etwas über die Dichte der urwüchsigen Kraft verrät, zeigen die Maße der Handberge und die in den Linien kanalisierte Energie dem Deuter, in welcher Weise der Mensch Getriebener der lemurenhaften Kräfte ist, oder ob er sie in souveräner Weise bejaht und sie so auch zu einer gestaltenden Kraft seines Menschseins werden läßt.

Die Handberge

Mit der Betrachtung der Handberge (Abb. 12) wendet sich der Deuter der Innenhand zu. Als Handberge werden die fleischigen Erhebungen und betonten Muskelstränge des Handtellers verstanden.

Der Handteller stellt den Bereich der dinglichen Welt dar. Er zeigt den sein Umfeld gestaltenden Menschen

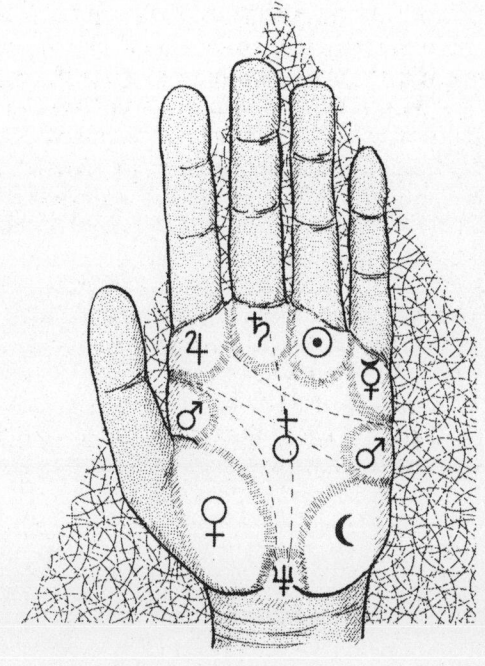

Abb. 12

auf. Die Handberge symbolisieren dabei gewissermaßen die Pforte, durch die der Mensch in einen von ihm zu verantwortenden Lebensraum tritt. Zum einen drückt sich in den Bergen noch ursächlich das Wesenhafte aus, zum anderen werden Form und Ausmaß der Berge auch durch unsere Handlungen und unser Erleben geprägt. Sie sind nicht nur Hort des uns Aufgegebenen, sondern sie nähren auch die grundlegende, unser Menschsein ausmachende Fähigkeit, nämlich diesen Auftrag zu erkennen und ihn wahrzunehmen. Wobei wahrnehmen in seiner zweifachen Bedeutung gemeint ist; einmal Einsicht in das uns Aufgegebene und schließlich als die aus dieser Einsicht rührenden Demut, diesem Auftrag gerecht zu werden. Der Deuter kann demnach aus der Massierung und Zueinanderbezogenheit der Handberge unseren Mut zur Selbsterkenntnis und unsere Hingabebereitschaft herauslesen.

Doch so wie der konkrete Auftrag an den Menschen letztlich nur aus dem Gesamtbild der linken Hand zu deuten ist, ist auch das Maß und die Richtung, in der der Mensch diesem Auftrag gerecht wird, nur aus der Verknüpfung aller Zeichen der rechten Hand zu deuten. Die Handberge liefern dazu als einen weiteren Aspekt Einblick in unsere potentiellen Möglichkeiten und in unsere konkrete Bereitschaft, dieses Potential umzusetzen.

Mit den Handbergen wurden uns nicht nur Schwerpunkte für unser Handeln gesetzt, sondern es liegt in unserem menschlichen Ermessen, diese weiter zu verstärken oder auch zu vermindern. So kann der Deuter nicht nur erkennen, wie der Weg eines Menschen angelegt ist, sondern wie dieser Weg empfunden, gedacht und beschritten wird. Darum ist eine vergleichende Analyse der Berge in der linken und rechten Hand unerläßlich.

Die Handberge formen im wesentlichen auch die vertikale wie horizontale Dreiteilung des Handtellers. Daher geben sie auch maßgebliche Auskunft über das Woher und Wohin des Menschen. In den unteren Handbergen wurzelt seine Natur und liegen die Kräfte der Selbstbehauptung. Von dort fließen die Energien durch die Ebene der Handfläche (Erdebene), um schließlich die Berge unter den Fingern zu speisen. Gleichzeitig schwingen die Energien aus den Bergen einer Handseite zu den Erhebungen der anderen und verleihen somit menschlichem Tun Richtung und individuellen Ausdruck.

In den Fingerbergen sammelt sich die in die Tat gegebene Kraft wieder als seelische Empfindsamkeit. Von hier aus fließt ein Teil dieser Kraft wieder zurück in die Erdebene und bewegt das Rad von Ursache und Wirkung fort. Ein anderer Teil steigt weiter in die Finger auf, um möglicherweise das letztgültige Angelegtsein des Menschen wahr werden zu lassen, das Transzendieren seiner Ichverhaftung.

Und so bieten schlußendlich die Handberge eine Topographie über die Verteilung der in uns angelegten Kräfte, über unsere Fähigkeit, ihrer gewahr zu werden und sie entsprechend unserer Auffassung von unserem Lebensraum zu aktivieren. Daraus ergibt sich dann die zu beobachtende unterschiedliche Betonung einzelner Berge in der linken und rechten Hand.

Bei der nachfolgenden Einzelbeschreibung der Handberge wird zur Beurteilung von Eigenschaften ihre Höhe klassifiziert. Im allgemeinen sind dies drei Kriterien: flach, erhaben und hoch. Als erhaben gilt ein normal entwickelter Handberg. Hoch wäre er, wenn er auffallend höher ist als andere, und flach ist ein Handberg, der nur wenig entwickelt ist. Die einem einzelnen Berg zugeschriebenen Merkmale sind nicht apodiktisch zu verstehen. Bestätigung finden sie erst dann, wenn auch andere Zeichen der Hand auf ihr Vorhandensein hinweisen.

Der Venusberg

Der Venusberg bedeckt das in der Hand verwurzelte dritte Daumenglied. Dies bedingt auch, daß dieser Berg quer zur Handfläche liegt. Er ist zudem eng verbunden mit dem kleinen Marsberg. Beide zusammen werden von der Lebenslinie umgrenzt.

Der Venusberg ist das Zentrum der Vitalkraft. Er nährt nicht nur die sich im Daumen ausdrückende ichhafte Persönlichkeit, sondern in ihm pulsiert auch die lebensschöpfende Sexualkraft. Er symbolisiert die Kraft unbändiger Natur. Die in ihm gebündelte Energie zwingt uns Menschen zur Selbstbehauptung im Daseinskampf. Diese Energie drängt uns zur Auseinandersetzung mit unserem Lebensraum. Durch sie sind wir triebhaft genötigt, einen uns angemessenen Platz zu behaupten und zu verteidigen. Sie unterwirft uns dem uns vor allem anderen beherrschenden Zwang, die in uns körperhaft ausgedrückte Wesenhaftigkeit, den Born unseres Menschseins, als raumzeitlichen Ausdruck zu bewahren. Daher wandelt sich diese Energie in ihrer materiellen Substanz zur ichbewußten Persönlichkeit, zur Sexualkraft und letztlich zum Altruismus.

In seiner alltäglichen Bedeutung wird so der Venusberg zum Sinnbild des mit dem Lebensimpuls verschmolzenen Selbstgefühls. Und gerade weil in dieser Erhebung die Egokraft verwurzelt ist, ist in diesem Empfinden kein Raum zur selbstbewußten Reflexion. Das sich aus der Lebenskraft nährende Selbstgefühl ist daher kein statisches Empfinden, sondern kann sich nur in dynamischer Entwicklung verwirklichen. Zugleich ist der Venusberg Hort der Zärtlichkeit und des körperbetonten Gefühlslebens sowie der hegenden und umsorgenden Zuwendung.

Ein *normal erhabener* Venusberg zeugt von einem gesunden Ausgleich, der sich in verschiedener Weise ausdrückenden Vitalkraft. Ein Mensch mit einer solchen Erhebung ruht zufrieden in seinem Selbstempfinden und wird von anderen als verläßliche und standfeste Person wahrgenommen. Er führt ein ausgeglichenes, von seiner Warte aus spannungsfrei empfundenes Liebesleben. Er ist von herzhafter Aktivität. Anderen Menschen wendet er sich unverkrampft mit einer natürlichen Distanz zu.

Ein zu *hoher* Venusberg gleicht einer überreifen Frucht. Prall voll Lebenssaft sucht ein solch körperbetonter Mensch nach Ausgleich, den er notwendigerweise auf erdhafte Art findet. Er neigt zu Ausschweifungen und ist jeder Art körperlicher Befriedigung zugetan. Grob umrissen wäre er das, was gemeinhin unter einem Genußmenschen verstanden wird. Da mit dem Berg auch sein Selbstgefühl übermäßig entwickelt ist, besteht die Gefahr einer gewissen Gleichgültigkeit gegenüber seinem Mitmenschen. Solche Gleichgültigkeit kann sich auch in vereinnahmender Herzlichkeit äußern, die letztlich in ihrer Rückwirkung nur das Selbstgefühl steigern soll.

Wie sich das Zuviel an Lebenskraft in einem hohen Venusberg schlußendlich für eine Person und ihren Lebensraum auswirkt, liegt auch daran, ob diese Energie andere Bereiche speist, was sich allgemein meist positiv auswirkt, oder ob sie mehr oder minder in sich selbst kreist, und sich so der Mensch kaum aus seiner triebverhafteten Erdnähe lösen kann.

Ähnelt der hohe Venusberg einer überreifen Frucht, so wirkt der *flache* Venusberg wie ein lederner Apfel. Er mag unter seiner Haut voll edler Süße sein, doch fällt es schwer, sie zu kosten. Einem Menschen mit flachem Venusberg mangelt es an sich äußernder Vitalkraft. Er bleibt mehr oder weniger in sich verschlossen. Spontaneität ist gewiß nicht seine Sache. Körperliche Genüsse bedeuten ihm nicht allzuviel. Sein Selbstgefühl ist nicht sehr präsent. Er erlebt sich in einer gewissen Distanz zur Wirklichkeit. Dieser Zwischenraum wird von Außenstehenden meist als Gefühlskälte gedeutet.

Wenn ein zu flacher Venusberg deutlich höhere Berge speist, so deutet dies auf ein ungesundes Maß an Selbstverleugnung zugunsten der in den anderen Erhebungen versammelten Energien hin. Diese verpuffen dann auch meist wie ein Strohfeuer, da ihnen nicht ausdauernd genügend Vitalkraft zufließt. Die einen solchen Menschen bewegende Selbstverleugnung hat ihre Ursache häufig in seinem ihm ungenügenden Selbstgefühl. Durch die Konzentration seiner Energie auf einen anderen Bereich versucht er, sich zu behaupten. Die Anerkennung seiner Umwelt wird ihm dann zur rückfließenden, sein Selbstgefühl wiederum stärkenden Kraft. Nur selten ist für eine solchermaßen erkennbare Selbstverleugnung ein spirituelles Gerufensein verantwortlich.

Der Venusberg ist üblicherweise von zahlreichen Quer- und Längslinien durchfurcht. Als *horizontale Linien* werden die vom Daumenansatz zur Handmitte verlaufenden Linien bezeichnet. Sie verstärken im allgemeinen die sich im Venusberg ausdrückenden Kräfte, da sie seiner gleichfalls horizontalen Lage in der Handfläche entsprechen. Die in ihm verborgenen Energien entziehen sich so nicht ihrer Präsenz. Sie fließen wie ein belebender Quell auf die Handmitte zu, um sich von dort aus weiter zu verteilen. Auf einem zu schwachen Venusberg allerdings können diese Linien auszehrend wirken, da dem sinnlichen Anspruch die Potenz fehlt.

Anders wirken die *vertikalen Linien*. Sie verlaufen längs zur Handfläche. Sie gleichen eher Staustufen, die die Vitalkräfte eindämmen. Dabei ist es von Bedeutung, wo sie auf dem Venusberg liegen und wie weit sie über ihn hinauswachsen. In der Nähe des Daumenansatzes vertiefen sie zum Beispiel die sinnliche Erlebnisfähigkeit. Reichen sie aber über den Venusberg hinaus und weisen zum kleinen Marsberg, mehren sie nicht nur die dort gebündelte Energie, sondern auch der Wille zur Tat wird dann zu einem das Selbstgefühl steigernden sinnlichen Erleben. Im unteren, der Daumenaußenkante zugewandten Bereich des Venusberges wirken vertikale Linien wie Buhnen im Watt. Nur daß sich darin kein Schlick verfängt, sondern urmagisches Empfinden, das jenem Erleben ähnelt, als man als Kind noch ungespalten seine Umwelt erfahren konnte. Je näher freilich die Vertikalen der Lebenslinie zurücken, um so stärker stauen sie die Vitalkraft und hindern sie an ihrer Unmittelbarkeit. Was anfänglich nur ein Zögern ist, wirkt nahe der Lebenslinie als Angstlinie lähmend auf den Präsenzwillen eines Menschen. Diese Linien wirken um so stärker, je tiefer sie sind und um so eindeutiger sie horizontale Linien abriegeln.

Anders gedeutet wird jedoch ein Netz von gleichartigen horizontalen und vertikalen Linien. Hier heben sich die Kräfte soweit gegenseitig auf, daß sie strukturierend und stützend die Vitalkraft lenken. Ein Mensch mit einer solchen Zeichnung auf dem Venusberg scheint jederzeit über die gebotene Kraft verfügen zu können. Wird das Netz jedoch zu engmaschig, deutet dies auf einen überzogenen Mechanismus der Selbstkontrolle hin, die bedrückend empfunden wird. Ein solcher Mensch erlebt sein Wirken auf seine Umwelt, als wäre seinem Handeln ein Filter vorgesetzt.

Der Mondberg

Der Mondberg liegt dem Venusberg gegenüber an der unteren Handkantenseite. Er reicht bis zum Auslauf der Kopflinie. Meist geht er ohne erkennbaren Absatz über in den großen Marsberg. In manchen Händen wird der Mondberg von einer gut gezeichneten Neptunlinie umschlossen.

Empfindet sich der Mensch im Venusberg als ein klar Umgrenztes, vom Lebenslicht Beschienenes, so steigt er im Mondberg auf die Nachtseite hinab, in deren Schatten seine Konturen zerfließen. Hier ist er nicht mehr das ichhaft in sich Geschlossene, sondern ein Wellenschlag im großen Lebensstrom. Er ist eins in vielem. Hier verspürt er mehr als mütterlich warme Geborgenheit. Denn aus dieser Erhebung wird der Mensch angesprochen: Du bist von uns. Es sind Wurzeln ursprünglicher Lebenshaftigkeit, die ihn mit diesem Berg verbinden. Durch ihn hat er Zugang zum kollektiven Unbewußten. Bilder von den Anfängen allen Seins sind in ihm verborgen. Gleichzeitig umschreiben diese aus der Tiefe unseres Wohers aufsteigenden Bilder das ferne Urwissen unseres Wohins. Im Mondberg liegt somit der Keim des Zeitlosen, aus dem sich das uns Wesenhafte nährt. Hier kann der achtsam in sich Lauschende vernehmen, wie weit sein Wesen ist.

Doch gerade weil die Kräfte so unfaßbar fern aus Schattenwelten aufsteigen, sind sie, da nicht greifbar, nur schwerlich zu umschreiben. Und eben deswegen besteht die Gefahr, daß sie uns zu Schimären werden. Freilich steigen diese dämonischen Trugbilder nicht so ohne weiteres aus dem Mondberg auf. Dieser spendet nur den Äther, aus dem unsere Furcht, unsere Ichbegrenzung zu verlieren, die abscheulichsten Fratzen formt, damit die uns eigenen Mondkräfte ichfern verborgen bleiben. So sind die Energien im Venus- und im Mondberg einander polar entgegengesetzt. Je nachdem wie mächtig der eine Berg ist und wie weit er über die Mittelachse wirkt, beeinflußt er den anderen oder heben sich die Kräfte gegenseitig auf. Doch nicht nur die schimärenhaften Bilder unserer Furcht vor Lösung unseres dinglichen Selbst steigen aus dem Mondberg auf, er ist zugleich der Hort unserer Phantasie. Denn in unserer Lust, das Drohende zu deuten und in Beziehung zu bringen, werden uns die Bilder handsam und beflügeln unsere Tagträume.

Auch wenn der Mondberg eine ichlösende Kraft ist, so ist er doch auch Ausdruck des uns Wesenhaften. Trotzdem wird ein Mensch, der dem Raumzeitlichen entfliehen möchte, hinter der oberflächlichen Bilderflut sehnsuchtsvoll eine andere Welt vermuten. Daher wird er hinter das tosende Gewirr der aufsteigenden Bilder blikken wollen. Dazu wird er sich schließlich den Mondkräften öffnen und in den Tiefen des Berges einsame Stille erfahren. In dieser Einsamkeit wird ihm Archetypisches offenbar und fernes Geschehen erhellt. Solch mystische Erfahrung ist jedoch nicht zu verwechseln mit einer Wandlung des Menschen ins Transzendente. Denn die Hinwendung zu den Mondkräften ist gewissermaßen eine rückwärtsgewandte. Der Mensch legt dabei zwar die Wurzeln seines Wohers frei und erahnt so auch sein Wohin, doch bleibt er letztlich dem noch ungeformten Erdhaften ekstatisch verbunden. Ob es einem Menschen schlußendlich möglich wäre, den Impuls des Mondes zu transformieren und dem Namenlosen zu leben, läßt sich nur aus der Fingergestalt erahnen.

In einem *erhabenen* Mondberg ruht ein gewöhnliches Maß an Energie. Ein Mensch mit einer solchen Erhebung strotzt zwar nicht gerade vor Phantasie, verfügt aber über hinlängliche Vorstellungskraft und ist durchaus fähig zu bildhaftem Erleben. Seine Mondkraft unterstützt freilich eher seine kontemplativen Fähigkeiten. In Augenblicken der Versenkung erahnt er dann in einer stillen Weise der Kommunikation mit dem ihm Wesenhaften seine Gelöstheit in einem größeren Ganzen. Somit ist er auch in der alltäglichen Auseinandersetzung imstande, sich spiegelhaft im anderen zu erkennen. Er verfügt zudem über das Feingefühl, Stimmungen seines Nächsten richtig einzuschätzen. Sein Gemeinsamkeitsempfinden läßt ihn auch nicht zögern, von Fall zu Fall übergeordnete Ideale zu akzeptieren und sich von allgemeiner Begeisterung mittragen zu lassen.

Als *hoch* ist ein Mondberg einzuschätzen, wenn er in etwa die gleiche Höhe wie der Venusberg erreicht. Ein phantasiebegabter Mensch trägt ihn meist in seiner Hand. Doch kann die aufsteigende Bilderflut einen Menschen schier überschwemmen, wenn er sie nicht umsetzen kann. Diese kraftvoll nach außen drängenden Energien bedürfen daher bewußter Umformung, da sie ansonsten in triebhafter Weise ausgelebt werden wollen, was dem Menschen meist zum Schaden gereicht. Eine stete Gereiztheit ist ihm dann eigen und in kindlich launenhaftem Geplänkel verpufft die überschüssige Mondkraft. In positivem Sinne wirkt ein hoher Mondberg bei gleichsam hohem Venusberg als spürbarer Veränderungsdrang, wobei hier die Gefahr besteht, daß die Kraft letztlich versandet, weil dem Ausformungswillen ein Zuviel an ersehnten Zielen gegenübersteht.

Trotz der zweifelsohne vorhandenen Vitalkraft wirkt ein solcher Mensch dann äußerlich betrachtet träge, auch wenn er innerlich unter Hochspannung steht. Seine Taten verkümmern dann zum kreativen Dampfablassen. Steht dem hohen Mondberg ein niedriger Venusberg gegenüber, können die urtiefen Energien der Mondseite bedrohend, das Selbstgefühl einschnürend empfunden werden. Unerklärliche Angst- und Verlorenheitsgefühle sind dann die Folge. Linderung verspricht auch hier im wesentlichen nur eine schöpferische Umsetzung dieser Kräfte. Zudem fühlt sich ein solcher Mensch mehr einem undefinierten gesellschaftlichen Kontext verpflichtet, als seinem eigenen Interesse.

Ein *flacher* Mondberg ist einem Menschen eigen, der seinem Mangel an Phantasie einen beinharten Realitätssinn entgegensetzt. Außer für das, was er für real erkannt hat, kann er sich für so gut wie nichts begeistern. Überkochende Leidenschaft kennt er zudem nur aus Erzählungen anderer. Seine Nüchternheit wird von Außenstehenden meist als Gefühlskälte empfunden. Paart sie sich doch auch mit einer auffälligen Gleichgültigkeit an allgemein bewegenden Geschehnissen. Vielleicht liegt es auch daran, daß dieser Mensch Mühe hat, sich als ein in seinem Lebensraum auch von anderen Getragener zu empfinden. Seine sozialen Beziehungen unterliegen daher einem zwanghaften Kosten-Nutzen-Denken. Je höher der Venusberg bei einem schwachen Mondberg entwickelt ist, um so mehr verselbständigt sich das Selbstgefühl. In sich selbst kreisend unterstützt es die Eigenliebe, die diesem Menschen zum notwendigen Halt wird. Denn ihm fehlt das einem Urvertrauen gleiche Gefühl, in einem größeren Zusammenhang geborgen zu sein. Seinem Selbst entbehrt der notwendige Gegensatz, was als innere Leere empfunden wird.

Der Neptunberg

Dieser Berg liegt auf der Handwurzel zwischen Venus- und Mondberg. Meist wird er zum Venusberg hin durch die auslaufende Lebenslinie abgetrennt, während der Übergang zum Mondberg ein fließender ist. Zur Handmitte der Erdebene hin fällt er schnell ab.

Der Neptunberg hat noch verschiedene andere Bezeichnungen. Manche Deuter nennen ihn den Ort des Ursprungs, was für einen wichtigen Aspekt der ihn prägenden Kräfte durchaus zutreffend ist. Denn er birgt die Kräfte der Tradition in sich. Es sind aber nicht die fernen im Archetypischen wurzelnden Energieströme des Mondberges, die den Neptunberg formen. Vielmehr ist es eine aus übersehbarer Vergangenheit in die Gegenwart wirkende Macht. Sie ist eng verbunden mit dem sozialen Umfeld, aus dem ein Mensch kommt. Es sind die Traditionen und Haltungen die den Charakter eines

Kindes formen sollen, und die, da sehr subtil wirkend, meist unhinterfragt von Generation zu Generation weitergegeben werden.

Der Ort des Ursprungs ist indessen zugleich der Ort des Aufbruchs, denn aus ihm heraus fließt ein Großteil der vitalen Energie in die Erdebene, in der sie sich schicksalhaft verzweigt. In welche Richtung diese gestaltende Lebenskraft fließt, hängt auch davon ab, inwieweit sie durch die im Neptunberg gestaute Kraft modifiziert wird. Hier entscheidet sich, ob ein Mensch seinen Lebensraum in vorgedachter, der Tradition verpflichteter Weise formen wird, oder ob er sich daraus lösen kann und zu einem unabhängigen Ausdruck findet.

Es wirkt somit im Neptunberg eine starke karmische Kraft. Eine deutliche, einander versperrende Linienführung auf dem Neptunberg deutet darauf hin, daß der Mensch in seiner Kindheit und Jugend stark gegängelt wurde. Dabei beschränkt sich diese Gängelung nicht nur auf erzieherische Fragen; denn Kinder und Jugendliche werden mehr noch als durch erzieherische Bemühungen durch soziales Erleben geprägt. Negative und bedrückende Erlebnisse beeinflussen ihre Entwicklung oft nachhaltig und prägen sich in Form von Sperrlinien in den Neptunberg. Aber auch scheinbar positive Gefühle wie eine starke Verbundenheit mit einem Elternteil können sich sperrend auswirken, wenn diese unterschwellig einer Verpflichtung gleichkommt. Meist äußert sich eine solche Einschränkung auf dem Berg durch eine klare Kreuzung. Je höher der Neptunberg um so stärker ist der Mensch meist noch seinem Elternhaus verbunden. Bei jungen Menschen ist dies normal, doch bei älteren zeugt dies meist von einer unterbrochenen Reife. Abgenabelt haben sich jene Menschen, bei denen der Neptunberg einer Hochebene gleich zwischen Venus- und Mondberg liegt.

Doch nicht nur die Familienbande und Altvorderen prägen den Neptunberg, auch das Empfinden für das, was man den Zeitgeist nennt, und mit ihm das Gefühl für »common sense«, ist in ihm verwurzelt. Darum sollte der Berg nicht so weit zurückgebildet sein, daß er wie ein tiefer Einschnitt zwischen den Nachbarbergen wirkt. In einem altersgemäßen Berg ruht zudem ein beachtliches Maß an Suggestionskraft, das vor allem durch eine schöne Apollolinie zur Geltung kommt, die auf ihm entspringt. Begünstigt wird dieser Umstand noch dadurch, wenn die Lebenslinie mit einem Ast auf dem Neptunberg endet.

Schließlich sei noch erwähnt, daß ein kräftiger Neptunberg zwischen einem hohen Venusberg und einem niederen Mondberg die urmagischen Kräfte am Außenrand des Venusberges verstärkt. Dieser magische Impuls wird dann von Betroffenen oft zur Kräftigung des Selbstgefühls kultiviert, wobei meist der Schwarzmagie, als dem effektvolleren Zweig, der Vorzug gegeben wird.

Die beiden Marsberge

Es gibt zwei Marsberge, den kleinen und großen Marsberg. Beide Marsberge begrenzen die Erdebene. Der kleine Marsberg liegt oberhalb des Daumenansatzes über dem Venusberg und wird von der Lebenslinie umfaßt. Der große Marsberg liegt gegenüber an der Handkante. Die auslaufende Kopflinie sowie die Herzlinie bilden seine Grenzlinie nach unten und oben.

Bei der horizontalen Handteilung gilt die Zone, in der die beiden Marsberge liegen als die Zone der Handlung. In den beiden Marsbergen ruhen demnach die diese Zone dominierenden Gestaltungskräfte. Es sind nicht mehr dräuende und drängende Kräfte wie in den darunterliegenden Bergen. Die Marsberge symbolisieren den sich selbstbewußt gewordenen Menschen, der überlegt in seinen Lebensraum eingreift. Hier geht es dem Menschen nicht darum, nur präsent zu sein, sondern auch um die Qualität seiner Präsenz. Die ihn zum Daseinskampf drängenden Vitalkräfte wollen hier gemäß dem im Wesenhaften angelegten Auftrag so umgeformt werden, daß die dinglichen Voraussetzungen gegeben sind, um das Aufgegebene auch auf geistiger Ebene zu entwickeln. In den Marsbergen liegt die Potenz eines Menschen, sich seiner Fähigkeiten bewußt zu werden, seine Kräfte zielgerecht einzusetzen, Reaktionen auf sein Handeln abzuschätzen und gegebenenfalls mit seinem Gegenüber zu kooperieren. Es handelt sich also hierbei nach wie vor um eine materiell gebundene Energie, die jedoch im Gegensatz zu den darunterliegenden Bergen nicht mehr einer ungestümen Natur unterworfen ist, sondern durch die Ratio gelenkt wird.

Bei der Deutung müssen beide Marsberge als eine Einheit verstanden werden, da sie miteinander in einem kausalen Zusammenhang stehen. Die in ihnen geborgenen Kräfte stehen quasi in Kommunikation miteinander. Sie fließen ineinander über, verstärken sich, können sich aber auch gegenseitig neutralisieren. Doch nicht nur die Mächtigkeit dieser Höhen zueinander beeinflussen die Marskräfte, sondern auch die dazwischenliegende Erdebene. Sie ist gleichsam das Medium, über das diese Kräfte kommunizieren.

Der *kleine Marsberg* ist, da dem Zentrum der Vitalkraft nahe, auch der Impulsgeber für den menschlichen Gestaltungswillen. Aus ihm heraus stößt der Tatendrang durch das Handdreieck, dem unteren Teil der Erdebene, hinauf durch das Handtischviereck dem großen Marsberg zu. Über die Kopflinie äußert sich dieser Impuls als Erkenntnisdrang, der in seiner Rückwirkung dem Selbstgefühl schmeichelt.

Ein *erhabener* kleiner Marsberg gehört zu einem Menschen, der beherzt zugreifen kann und seine Ziele mit selbstverständlicher Selbstsicherheit vertritt, da sie ihm innerhalb seiner Möglichkeiten zu liegen scheinen. Daraus leitet er auch die Kraft ab, sie gegebenenfalls streitbar durchzusetzen. Trotzdem ist er kein Kampfhahn, sondern durchaus kompromißfähig und erkennt bessere Argumente wie überlegenere Sachzwänge an. Im Grunde seines Herzens zieht er kooperative Vorgehensweisen dem Einzelkämpfertum vor, solange er sich dabei nicht verleugnen muß.

Ist der kleine Marsberg *hoch* ausgebildet, so steigert sich der Tatendrang oft ins Schädliche. Dies liegt vor allem daran, daß ein Mensch mit diesem Merkmal seine Fähigkeiten oft falsch einschätzt. Ursächlich hierfür sind seine Allmachtsphantasien, die ihm eine trügerische Sicherheit für das Gelingen seiner Pläne vorgaukeln. Dies führt wiederum dazu, daß er die von ihm ins Auge gefaßten Ziele zwar machtvoll anstrebt, dabei jedoch oft einiges anderes zu Bruch geht. Von außen gesehen wirkt er wie jemand, der einen Bilderhaken mit dem Vorschlaghammer in die Wand treibt. Ein solcher Mensch ist auch zu sehr getrieben, als daß er an einer partnerschaftlichen Vorgehensweise Gefallen finden könnte. Nicht nur für seinen inneren Frieden, sondern auch für seine Akzeptanz durch andere, ist es wichtig, daß sein Tatendrang sichtbare Ergebnisse zeigt und seine Kraft darin aufgehen kann. Ansonsten ist es durchaus möglich, daß er den Überschuß an Marskräften in aggressiver Weise auslebt.

Ein *flacher* kleiner Marsberg gehört meist zu einem trägen, antriebslosen Menschen. Er würde vielleicht ganz gerne auch etwas bewegen, aber bereits bei der Zielsetzung verläßt ihn oft der Mut. Dies erwächst nicht nur aus einem Mangel an Selbstvertrauen, sondern liegt auch an seiner Geringschätzung der eigenen Fähigkeiten. Zu zaghaft versucht er, in seinen Lebensraum hineinzuwirken, und mangels Erwiderung gibt er dann zu schnell auf. Und so summieren sich die angefangenen und wieder abgebrochenen Vorhaben. Verständlich, wenn ein solcher Mensch aus der Not eine Tugend macht und das Etappenziel zum eigentlich Gewollten erklärt. Auch sein Hang im Team zu wirken, gründet mehr auf der eigenen Versagensangst. Diese wiederum läßt ihn dafür bei gemeinschaftlichen Vorhaben allzugern am Rand verweilen. Zur Bemäntelung der eigenen Beschränktheit begleitet er aber dann den Tatendrang anderer oft mit bösem Spott.

Was vom kleinen Marsberg als tatkräftiger Impuls ausgeht, wird vom *großen Marsberg* als Signal zur Handlung aufgefangen. Hier liegt die Fähigkeit zur objektiven Einschätzung des subjektiv Gewollten. Dieser Berg liefert gleichsam die Energien, die notwendig sind, Strategien nicht nur zu entwickeln, sondern sie auch durchzusetzen. Eingezwängt zwischen der Ratio der Kopflinie und der Leidenschaft der Herzlinie pulsiert in ihm eine Kraft, die die Herausforderung sucht, ja die um ihrer selbst willen des Gegensatzes bedarf. Sie unterscheidet sich jedoch von dem egozentrischen Tatendrang des kleinen Marsberges im wesentlichen dadurch, daß sie vom Menschen scheinbar objektiv Verlangtes fordert.

Da sie hauptsächlich eine reaktive Kraft ist, wird ihr der Impuls des kleinen Marsberges zum notwendigen Gegensatz, den sie dahingehend zu modifizieren versucht, daß er auch in einem größeren Zusammenhang gültig bleibt. Somit ergänzen sich die Marskräfte, die eigenwillige, spritzige Energie des kleinen Marsberges und die von der Mondnähe beeinflußte schwere Kraft des großen Marsberges. Schließlich liegt im großen Marsberg auch das Kraftpotential mit dem der Mensch unliebsame Einflüsse abwehren kann. Andererseits birgt diese Höhe auch seine Fähigkeit, ihm förderliche Kräfte aufzunehmen.

Ein Mensch mit einem *erhabenen* großen Marsberg in der Hand stellt sich gern dem Wettstreit mit anderen. Ist doch bereits allein die Aufnahme einer solchen Auseinandersetzung für ihn die Bestätigung der objektiven Gültigkeit seiner Handlung. Seine Erfolge in solcherart von Wettbewerben verfestigen seine Selbstsicherheit, während er Niederlagen dazu nützt, seine Strategie zu verändern. Schließlich ist ihm dieser Wettstreit durchaus Lebenskampf. Denn seine Einflußnahme auf andere ist ihm notwendige Ausdehnung seines Selbst. Darin liegt für ihn ein qualitatives Merkmal seiner Präsenz. Stützende Eigenschaften sind dabei Geistesgegenwart, Gelassenheit, Selbstbeherrschung und die rechte Portion Mut und Forschheit. Schließlich sei noch das Hingabevermögen dieses Menschen hervorgehoben, das ihn im Daseinskampf zusätzlich stützt. Es befähigt ihn, die Motive anderer nachzuempfinden und kann sich so auch die Wirkung seiner Handlung auf den Nächsten vorstellen.

In einem zu *hohen* großen Marsberg haben aggressive Energien ein Übergewicht. Einem solchen Menschen geht es nicht mehr darum, sich dem Objektiven anzunähern, er hält sich vielmehr selbst allzugern für das Maß aller Dinge. Für ihn ist der Wettstreit nicht mehr vergleichendes Messen grundsätzlich Gleichwertiger, sondern Gelegenheit zum Beweis seiner Dominanz. Kampferprobt verfolgt er mit der notwendigen Kaltblütigkeit dieses Ziel. Von außen wird er daher meist als streitsüchtige, tyrannische Person gesehen.

Ein Mensch mit einem *flachen* großen Marsberg neigt eher dazu, Entscheidungen anderer für sich als gültig zu übernehmen, bevor er seiner eigenen Entschlußfähigkeit und Durchsetzungskraft vertraut. Er fürchtet auch, sich im Wettstreit bewähren zu müssen, da das von ihm Gewollte nur wenig konkret ist. Von ihm selbst wird es eher bildhaft empfunden und würde daher dem materiell Dichteren im vergleichenden Wettstreit unterliegen. Durch den Mangel an abrufbaren Marskräften bleiben die Impulse des kleinen Marsberges nur verzagtes Wollen, die Übermacht des Mondberges bewirkt statt dessen eine Flucht in Traumwelten. Einem solchen Menschen fehlt die letzte Reife zum Erwachsensein; die Forderungen der Realität seines Lebensraumes versucht er, durch kindliches Gebahren abzuwehren, wozu er auch gelegentlich mal heftig mit dem Fuß aufstampft.

Die Erdebene

Als Erdebene wird die flache Einbuchtung bezeichnet, die für die Mitte des Handtellers charakteristisch ist. Sie reicht vom Neptunberg hinauf zur Herzlinie und wird seitlich einmal von der Lebenslinie und ein andermal von der Merkurlinie beziehungsweise von Mond- und Marsberg begrenzt.

Die Erdebene ist zwar kein Berg, wird aber in diesem Kapitel dennoch behandelt, da sie in engem Zusammenhang mit den Bergen zu deuten ist. Da sie von den Bergen förmlich umschlossen ist, fließen durch sie zwangsläufig alle Energien, die nicht unmittelbar von Berg zu Berg austauschbar sind. Darum wird die Erdebene auch von allen Hauptlinien der Hand tangiert beziehungsweise durchzogen. Dies alles weist die Erdebene als den Ort der Begegnung, der Entscheidung und Handlung aus. Hier formt sich das Schicksal eines Menschen, wird das karmische Rad fortbewegt. In ihr wird deutlich, wie ein Mensch die materielle Auseinandersetzung mit seinem Lebensraum angeht. Hier zeigt sich auch, wie er das ihm Aufgegebene verstanden hat, und ob und in welcher Form er dem in ihm Wesenhaften in der dinglichen Welt zum Ausdruck verhilft. Um dies zu erkennen, zieht der Deuter wieder die linke und rechte Hand zu Rate. Dabei beachtet er nicht nur die Linienführung durch die Erdebene, sondern auch ihre Ausdehnung und Ausformung.

Und da die Erdebene erkennbar in zwei Teile zerfällt, wird auch beiden Teilen eine differenzierte Deutung unterlegt. Der untere Teil gilt als das *große Dreieck,* während der obere Teil *Palast der Audienz* genannt wird.

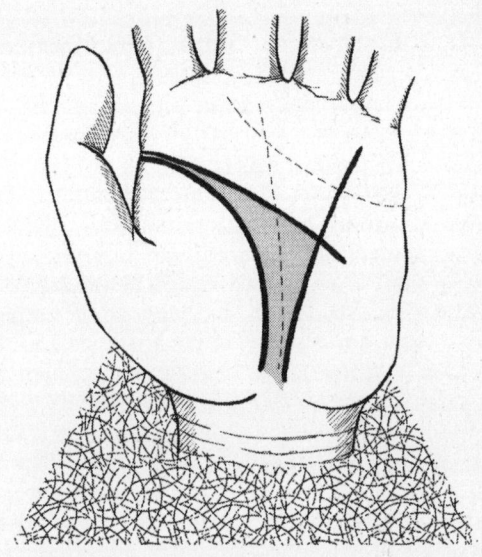

Abb. 13

Das große Dreieck

Neben dem großen Dreieck (Abb. 13) gibt es auch ein kleines Dreieck, das innerhalb der Umgrenzung des großen liegt, aber nur für die mantische Deutung eine Rolle spielt und daher hier unerwähnt bleiben kann. Das große Dreieck wird durch die Lebenslinie, Kopflinie und Merkurlinie geformt. Diese Linien symbolisieren wiederum drei elementare, den Menschen ausmachende Lebensausdrücke: die Vitalität, die Ratio und die Spiritualität. Auch wenn das große Dreieck vollkommen mit der dinglichen Welt verbunden bleibt, so verdeutlicht es doch, daß menschliches Handeln nicht triebhaftes Tun, sondern Streben nach Harmonie ist, welche in ihrer Endgültigkeit als eine göttliche gedacht wird. Und so sucht der Deuter im großen Dreieck nach Merkmalen, ob der Mensch durch sein Tun auch zu einem inneren Ausgleich findet. Damit ist nicht nur gemeint, ob der Mensch Befriedigung in seinem Werk findet, sondern inwieweit dies im Gleichklang mit seiner vorgenannten Wesenheit geschieht.

Je mehr das große Dreieck in seiner Gestalt sich einem gleichschenkligen Dreieck annähert, um so eher spricht dies dafür, daß der Mensch darum bemüht ist, einer inneren Harmonie nachspürend wesensheil zu handeln. In diesem Zusammenhang sei bemerkt, daß im großen Dreieck der Puls der Hand schlägt. Dies weist es nicht nur als den Ort aus, in dem die Lebenskraft umgesetzt und verteilt wird, sondern daß hier in diesem Zentrum unmittelbaren Lebensausdrucks auch das spirituelle Wollen eines Menschen in materieller Weise sichtbar werden kann. Nicht zuletzt wurde dies durch die seltenen Fälle von Stigmatisation, die in den Händen im großen Dreieck auftritt, durch die Jahrhunderte hindurch immer wieder offenbar.

Während Kopf- und Lebenslinie das Dreieck stets nach oben und unten begrenzen, ist die seitliche Begrenzung von Hand zu Hand verschieden. Nicht in jeder Hand findet sich eine Merkurlinie, die das Dreieck zum Mondberg hin abriegelt. Aber auch nicht in jeder Hand liegt eine Apollo- oder Saturnlinie, die in dieser Reihenfolge statt dessen das Dreieck nach innen vollenden könnten. In diesem Fall drängt sich dann der Einfluß des Mondberges vor. Der geistige Aspekt der Merkurlinie, der kreative Aspekt der Apollolinie oder der sachliche der Saturnlinie verlieren so jeweils ihr Gewicht als Handlungsdominante. An ihre Stelle tritt ein die Vorgehensweise bestimmendes mehr oder minder starkes Empfinden, aus einem urgründigen Getragensein heraus zu wirken. Wobei die Mondkräfte in manchen Händen das Dreieck so weit beherrschen können, daß durchaus von einer prophetischen Anlage gesprochen werden darf; dies vor allem dann, wenn so gut wie keine oder nur schwache Linien im Dreieck diese Kräfte ableiten.

Ein weiteres Kriterium für die Beurteilung des großen Dreieckes ist seine Ausformung. Durch ein wenig gezeichnetes, glattes Dreieck kann der Handlungsimpuls des kleinen Marsberges ungehindert zum großen Marsberg fließen. Einmal zur Tat entschlossen, gibt es für einen solchen Menschen kaum einen Grund, sich nicht sofort an ihre Ausführung zu machen. Sein Vorgehen ist meist spontan und kraftvoll.

Eine Absenkung des großen Dreieckes zur Kopflinie hin ist normal. Aus der stofflichen Gebundenheit sich lösende Energien drängen in den Lebensraum des Menschen und werden von der Kopflinie aufgenommen. Der Mensch wird sich so seiner Natur bewußt und beginnt, da das große Dreieck Ort seiner materiellen Sicherung und Selbstbehauptung ist, sie in seinem Sinne zu formen und zu lenken. Wird indessen die Neigung zur Kopflinie hin zu stark, steht der Mensch unter dem Diktat erdverhafteter Energien, die sich auf unkontrolliert dräuende Weise durchsetzen. Von welcher Art diese sich in triebhafter Weise äußernde Bedrängnis ist, liegt daran, welcher Berg die Handwurzel dominiert. Bildet hingegen das Dreieck eine Mulde, so wird der Fluß der belebenden

Kräfte aus den unteren Handbergen gebremst. Die materielle Behauptung wird dem Menschen zum Mühsal. Selbst um bescheidene Erfolge zu erzielen, muß er ungleich mehr Energie einsetzen als andere.

In manchen Händen ist das große Dreieck so weit erhöht, daß sich die elementaren, naturgebundenen Kräfte darin förmlich potenzieren. Anders als in einer Hand mit zu stark geneigtem Dreieck, wird hier der Mensch von diesen Kräften nicht überschwemmt, sondern sein Aktivitätsdrang enorm gesteigert. Vielen gelingt es, diesem Druck in körperlicher Betätigung ein Ventil zu bieten, andere wiederum glauben, die Welt neu ordnen zu müssen. Freilich bleiben diese Aktivitäten, seien sie von sportlicher oder intellektueller Art, in sich kreisender Selbstzweck, denn der Impuls des kleinen Marsberges wird von der Dichte des großen Dreieckes absorbiert und kann so die Durchsetzungskraft des großen Marsberges nicht anregen.

Der Palast der Audienz

Der Palast der Audienz hat seinen Namen aus der chinesischen Cheiromantie, die damit seine Eigenschaft näher umschreibt als abendländische Cheiromanten, die ihn als Marsebene bezeichnen. Begrenzt wird der Palast der Audienz durch die Herz- und Kopflinie sowie durch den großen Marsberg an der Handaußenseite und den Anstieg zum Jupiterberg zwischen Jupiter- und Saturnfinger.

Der Palast der Audienz schließt die Erdebene ab. In ihm begegnen sich alle Kräfte der Hand, die im Dreieck geformten der unteren Berge und die einer Formung widerstrebenden des Gürtels der Psyche. Hier, im Palast der Audienz, erfährt menschliches Handeln eine weitere Prüfung und somit auch eine Wandlung, nämlich eine moralische. Es ist der durch die Herzlinie fließende Energiestrom, der den Handlungsimpuls quert und der den Menschen zu einer sittlichen Beurteilung seiner Taten nötigt. Diese sittliche Wertung ist zugleich auch eine Einschätzung der persönlichen Akzeptanz von als objektiv erachteter Handlungserwartungen. Die aufstrebenden erdnahen Kräfte der unteren Handberge steigen nämlich durch den Palast der Audienz in die oberen Handberge, regen die dort gebundene Energie an, welche wiederum zurückwirkend den Handlungsimpuls des kleinen Marsberges modifizieren und so auch die Reaktion des großen Marsberges mitbeeinflussen.

Es ist sehr schwer, die Einzelwirkung einer Kraft im Palast der Audienz zu beschreiben. Denn da sie hier mit allen anderen Kräften zusammenstößt, formt sie diese nicht nur, sondern wird gleichermaßen von ihnen geformt. Durch diese vielfältigen, aufeinanderbezogenen Einwirkungen erhält menschliches Handeln und Empfinden seine individuelle Prägung. Doch wenn es auch schwerfällt, die Qualität der Vernetzung im Palast der Audienz zu deuten, was letztlich erst durch eine abgeschlossene Deutung der Gesamthand möglich wird, so sind aber durch Einschätzung der Ausformung des Palastes wiederum Schlüsse über das grundlegende Handlungsempfinden eines Menschen möglich. Damit ist jene innere Einstellung gemeint, mit der ein Mensch sein Wirken verfolgt.

Ein geräumiger und *leicht erhabener* Palast der Audienz, läßt den Kräften Raum, einander zu begegnen. Allerdings müssen sie darin auch miteinander in Berührung kommen, ein kontaktloses Aneinandervorbeifließen ist ihnen nicht möglich. Ein Mensch mit einem solchermaßen geprägten Palast der Audienz weiß intuitiv um die Verwobenheit und Dichte seines Tuns. Er handelt daher aus einer inneren, ausgewogenen Festigkeit heraus und verfügt über klare Urteilskraft. Zudem ist sein

Handeln sehr effektiv, da es den Gegebenheiten seines Lebensraumes weitgehendst entgegenkommt.

Wird der Palast der Audienz *zu breit,* so ist der Austausch und die Formung der Kräfte zueinander nicht ausgeglichen. Einzelne Kräfte können das Handlungsempfinden übermäßig beeinflussen. Der Mensch hat dann nicht das innere Gleichgewicht, sein Wirken mit der nötigen Souveränität zu verfolgen. Die tatsächlichen Gegebenheiten decken sich oft nur wenig mit seiner subjektiven Einschätzung. Sein Handeln wird dadurch manchmal als tolpatschig empfunden. Zudem bewirkt die Weite des Palastes, daß die Kraft der Herzlinie den Handlungsimpuls dominiert. Distanzlose Weitherzigkeit kann dann die Folge sein.

In einem *zu engen* Palast der Audienz ist der Reibungsverlust beachtlich. Manchmal blockieren sich die Kräfte auch gegenseitig, wodurch sie sich in der Regel neutralisieren. Es kann aber auch zu ausbruchartigen Energiestößen kommen, die im Palast deutliche Spuren hinterlassen. Sie werden dann als Linien oder Hautverfärbungen sichtbar und wirken häufig einschränkend. Bei einem Menschen mit zu engem Palast wird auch der Handlungsimpuls des kleinen Marsberges stark gebremst. Er wird daher als konservativer Zauderer empfunden. Dies ist freilich eine nach außen getragene Reaktion eines diffusen Handlungsempfindens.

Jeder esoterische Handleser wird mit Gewißheit im Palast der Audienz nach einem **mystischen Kreuz** (Abb. 14) Ausschau halten. Darunter wird ein Kreuz verstanden, das in etwa im Bereich Saturn-, Apollofinger für sich steht. Querlinien zur Saturn- oder Apollolinie sind damit allerdings nicht gemeint. Freilich bedeutet das mystische Kreuz nicht, daß sein Träger auch ein Mystiker ist. Vielmehr läßt sich daraus schließen, daß er dem Verborgenen, Dräuenden in besonderer Weise nachspürt. Durch seine außerordentliche Sensibilität sind

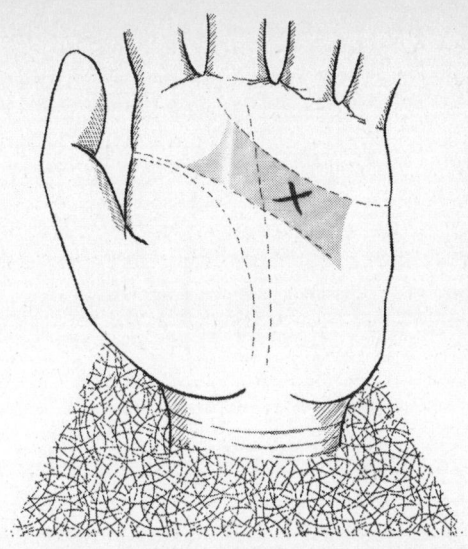

Abb. 14

ihm Bereiche gegenwärtig, die anderen nur schwer denkbar sind. Die Gefahr besteht jedoch hier, wie bei jeder Begabung, daß sie nur der Eitelkeit dient. Manchem kann dies Kreuz aber durchaus als Schlüssel zur Transzendenz in die Hand gezeichnet worden sein.

Eine weitere Zeichnung im Palast der Audienz, die mit dem Transzendenten in Fühlung zu stehen scheint, ist die **Mensa** (Abb. 15), auch Handtischviereck genannt.

Die Mensa wird nach oben und unten durch die Herz- und die Kopflinie begrenzt. Seitlich wird sie durch die Saturn- und Merkurlinie eingefaßt.

Mit Mensa war ursprünglich ein Altartisch gemeint. In diesem Begriff ist zum einen die Auffassung vom Zusammentreffen vieler Kräfte wie im Palast der Audienz enthalten, zum anderen aber auch die Vorstellung eines

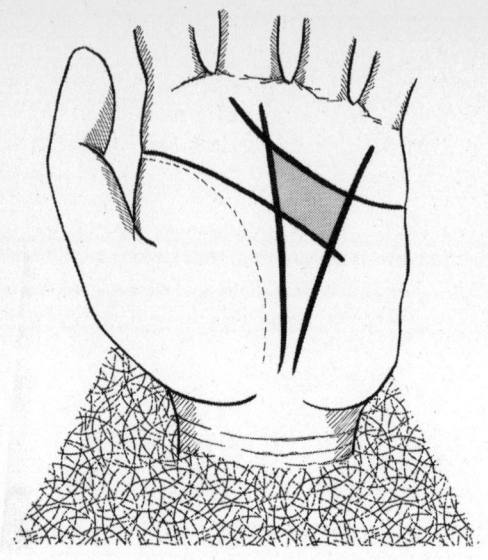

Abb. 15

Ortes, der Kommmunikation mit dem Transzendenten. Da im Palast der Audienz menschliches Handeln durch das persönliche Gewissen eine letztgültige Formung erfährt, kann man mit Fug annehmen, daß hier eine Zeichnung vorhanden sein muß, durch die das Wesenhafte scheint. Denn nur dann, wenn das Wesenhafte, das den Menschen Beseelende, die ursprüngliche Kraft seines Gewissens ist, kann die Handlung in ihrer sittlichen Dimension empfunden werden. In der Mensa findet der Deuter dieses Zeichen. Das Zusammenwirken der vier Linien symbolisiert die vier, den Menschen formenden Elemente: Feuer in der Kopflinie, Wasser in der Herzlinie, Erde in der Saturnlinie und Luft in der Merkurlinie. Diese Elemente werden getragen durch das fünfte Element, den Äther, als Symbol des Transzendenten. Darin liegt auch der Wirkungszusammenhang zwischen transzendenter Erfahrung und geänderter Qualität der Handlung. Selbst wenn der Mensch danach der gleichen Tätigkeit wie zuvor nachgeht, so hat sich doch im Palast der Audienz eine Wandlung vollzogen. In ihrer höchsten Konsequenz wäre sie Ausdruck karmisch freien Tuns. Die spirituelle Reife eines Menschen wirkt sich demnach auf der materiellen Ebene als veränderter Handlungsimpuls aus. Dabei kann ein Deuter zwar feststellen, ob menschliches Tun mehr einem triebhaften Impuls oder einer sensiblen Empfindlichkeit folgt, inwieweit es jedoch das Ausmaß transzendenter Erfahrung ist, läßt sich nicht bestimmen. Erkennbar bleibt lediglich in welcher Weise ein Mensch Zugang zum Transzendenten finden kann, hierüber gibt die Mensa Auskunft.

Bilden alle vier Linien die Mensa, wird sich der Mensch auf geistige Weise dem Transzendenten nähern. Seine Finger geben dann dem Deuter weitere Auskunft. Fehlt die Merkurlinie, wird der Mensch das Beseelende eher hinter der dinglichen Welt als in sich suchen. Bei fehlender Saturnlinie hingegen wird ihm das raumzeitlich Ungebundene eher auf traumhafte Weise inne werden. Fehlen Merkur- und Saturnlinie im Palast der Audienz, so ist es die Handlung selbst, die den Menschen über sich hinausführen kann.

Die Fingerberge

Die Fingerberge bilden zugleich den Gürtel der Psyche. Sie werden geprägt von unserer Empfindungskraft und unserer seelischen Ausdrucksfähigkeit. Sie sind nicht nur Rezeptoren der durch die Mittelhand aufsteigenden Kräfte, sondern die in ihnen pulsierenden Energien können auch bis in die Handwurzel hinunter wirken. Denn die menschliche Seele ist nicht nur eine erduldende, sondern auch eine wirkende und formende Kraft. Zugleich ist seelische Innerlichkeit spürbarste Ausdrucksform unserer Wesenhaftigkeit. Durch die Seele werden wir angerührt vom Unermeßlichen, und unser Anruf aus raumzeitlicher Dichte an das Namenlose ist daher auch immer ein seelischer Impuls. Dieser Impuls setzt sich in symbolischer Weise durch die Finger fort. Die Fingerberge stellen demnach den Übergang vom materiellen zum spirituellen Sein dar; so wie sie einerseits Teil der Handfläche sind, so gehören sie andererseits auch zu den Fingern.

Anatomisch gesehen werden die Fingerberge durch darunterliegende Gelenkkapseln, Sehnen und Muskelbänder gebildet, die die Finger mit den jeweiligen Mittelhandknochen verbinden. Dabei ist es so, daß die vier Gelenkkapseln zwischen den Fingern durch drei Bänder (Ligamenta et palmaria) gehalten werden. In vielen Handflächen betonen diese Bänder die Fingerberge, so daß manche Handleser nur von drei Fingerbergen ausgehen; in der chinesischen Cheiromantie ist dies beispielsweise der Fall. Diese Annahme widerspricht aber zum einen den anatomischen Gegebenheiten und zum anderen der cheirosophischen Vorstellung, daß die Fingerberge materielle Wurzeln des geistigen Ausdrucks der jeweiligen Finger sind. Der esoterische Deuter arbeitet deswegen mit vier Fingerbergen. Etwaige Überbetonungen durch die Innenhandbänder werden als Verlagerungen der Berge betrachtet. Sie nehmen dadurch Energien des Nachbarberges mit auf und drücken somit auch dessen Eigenschaften mit aus.

Der Jupiterberg

Der Jupiterberg krönt gewissermaßen die persönlichkeitsstärkenden Kräfte der Ich-Seite der Hand. Venusberg und kleiner Marsberg liegen unter ihm, Lebenslinie und Kopflinie entspringen zu seinen Füßen. Die in ihm verborgene Kraft stärkt jene Bewußtseinsebene, auf der wir uns als Subjekt erkennen können. Mit dem Jupiterfinger zeigen wir nicht nur auf andere, sondern auch auf uns selbst. Der Mensch denkt sich so als ein in der Welt Seiendes. Hier wird er sich seiner selbst bewußt, als ein Getrenntes, das Einfluß nehmen kann auf das es selbst Beeinflussende. Es ist also nicht mehr die treibende Kraft des Venusberges, die ihn auf instinktive Weise zum Daseinskampf drängt, sondern eine, aus der Wirkung der Handlung heraus sich selbst bewußt werdende Energie. In bildhafter Weise empfindet sich der Mensch durch die Kraft des Jupiterberges nicht als eine auf dem Meer des Lebens treibende Nußschale, sondern als Steuermann seines Lebensschiffes. Es ist die durch das Wesenhafte angelegte Handlungsgrundlage, durch die letztlich das dem Menschen Aufgegebene einer Lösung zugeführt werden kann. Die Mächtigkeit der Handlungsgrundlage wäre das, was gemeinhin als Seelenkraft verstanden wird.

Ein *erhabener* Jupiterberg verleiht einem Mensch das, was man ein gesundes Selbstbewußtsein nennt. Er weiß um seinen Platz in der Welt und kann seine Einwirkungsmöglichkeit realistisch einschätzen. Sein Verantwortungsgefühl ist ausgeprägt, und er scheut sich nicht, Führungsaufgaben zu übernehmen. Seine Ziele verfolgt er selbstsicher mit einem gewissen Ehrgeiz, der jedoch niemals penetrant wirkt. Ihm ist ein feines Gespür für Ungerechtigkeiten eigen. Dieses Empfinden wirkt auf seine Handlungen und ist maßgeblich für das Vertrauen, das er in andere zu setzen bereit ist. Alles in allem ist er ein Mensch, den man nicht ohne weiteres übergehen kann.

Ein *hoher* Jupiterberg verstärkt die Kraft des Selbstbewußtseins einer Person aus der Sicht von Außenstehenden ins Unerträgliche. Der betroffene Mensch selbst bekommt hiervon leider oft nur wenig mit; denn er ist von sich selbst geblendet. Seine Geltungssucht treibt ihn vor allem dort an, wo er andere Menschen beherrschen kann. Aus der Wirkung seiner Macht über andere bezieht er rauschhafte Befriedigung. Versucht dieser Mensch seine Selbstsucht auf spiritueller Ebene zu befriedigen, so verfällt er leicht dem Aberglauben und wirkt auf andere durch echte Scheinheiligkeit, die von vielen jedoch gerne als eine tatsächlich spirituelle Kraft gedeutet wird.

Anders ist dies freilich bei einem Menschen mit einem *flachen* Jupiterberg. Sie haben große Schwierigkeiten, sich ihrer selbst bewußt zu sein. Meist definieren sie sich durch ihre Mitmenschen und deren Reaktion auf sie. Dies verleitet sie leicht dazu, dem anderen liebdienernd zu Willen zu sein. Da sie nur wenig Zutrauen in sich selbst haben, können sie auch anderen Menschen nur wenig Wärme geben. Andersherum finden solche Menschen leider nur selten einen Partner, der sie in selbstloser Weise stützt. Dies mag wohl auch daran liegen, daß diese Menschen aus Gewohnheit dazu neigen, jene auszuzehren, die sich ihnen zuwenden.

Der Saturnberg

In diesem Berg ruht die Kraft zur Lebensbewältigung. Der Mensch stellt sich seiner Aufgabe und versucht, sie zu lösen. Doch die Aufgabe will erkannt sein. Wobei dieses Erkennen ein ständiges Bemühen ist, der Unachtsamkeit gewahr zu sein. Darum dringt hier zugleich das Wesenhafte als schicksalsprägende Energie hervor, indem es dem Menschen zum Gewissen wird. Es ist jene lautere Empfindsamkeit, die sich ihm in seiner Einsamkeit offenbart und die ihn deutlich mahnt, sie zur Richtschnur seines Handelns zu machen. Und so ist im Saturnberg eine tiefe Weisheit vergraben. Es ist die Ahnung einer unteilbaren Wahrheit, die den Menschen anrührt. Von dieser sanften Schwingung kann er sich leiten lassen und ihr nachlauschend vernehmen, was falsch ist; allein das Verbleibende wird ihm dann wahr sein. Es liegt somit am Erkenntniswillen und der Erkenntnisbereitschaft eines Menschen, ob er sein Schicksal lebt oder mit ihm hadert, wobei beide Lebensentscheidungen letztlich schicksalsformend sind.

Ist der Saturnberg *erhaben,* so verfügt der Mensch über ausreichend Kraft und Ausdauer, seinen Lebensweg zu verfolgen. Er mag dabei gelegentlich vom Weg abweichen, doch nur in Ausnahmefällen wird er dem Irrweg folgen, denn im Grunde seines Herzens ist er sich seiner Aufgabe bewußt. Da ihm sein Wirken selbst verständlich ist, kann er mit der gebotenen Sachlichkeit vorgehen. Mit einhergehen dabei Pflichtgefühl, Zuverlässigkeit, Leistungs- und Verantwortungsbereitschaft. Bei all diesen geradlinigen Eigenschaften besteht allerdings die Gefahr, daß dieser Mensch die Sachlichkeit höher schätzt als die Lebendigkeit. Er wird dann sein Leben allzugern verwalten im Glauben, es am Ziel leben zu können.

Ein *hoher* Saturnberg kann einen Menschen zum Einsiedler machen. Denn er versucht, mit all seiner Kraft dem zu folgen, was er in sich vernimmt. Doch sein Bemühen, dem rechten Pfad zu folgen, wird ihm notwendigerweise stets unzulänglich erscheinen. Und je größer seine Anstrengung wird, das Wahre zu leben, um so mehr entflieht es ihm; denn das Wahre ist fern von Raum und Zeit. Daher erlebt sich dieser Mensch in beständigem Zwiespalt zwischen Anspruch und Wirklichkeit. Einerseits möchte er durch Strenge und Askese dem empfundenen Auftrag gerecht werden, andererseits stärkt eben dieser willentliche Kraftakt seine ichhafte

Verwurzelung. Er bleibt somit in raumzeitlicher, materieller Dichte verfangen, und auch sein Erkennen bleibt bedacht und bruchstückhaft. Schwermut, Schweigsamkeit und Einsamkeitsliebe sind sein Preis dafür, den er wiederum als gerechte Last empfindet.

Ein *flacher* Saturnberg findet sich meist in der Hand eines Luftikus. Sein Weg ist der ihm leichteste, was zählt ist einzig der Erfolg. Er macht sich wenig Gewissensbisse, und rührt sich doch einmal seine innere Stimme, so bringt er sie schnell durch das Wiederkäuen von Sachzwängen zum Schweigen. Und so neigt er dazu, ein oberflächliches Leben zu führen, um dessen Ausgestaltung er sich auch nur wenig müht. Ihm ist es lieber, sich treiben zu lassen, und solange er mit der Hauptströmung mitschwimmt, eckt er auch nur selten an.

Der Apolloberg

Würde man die Kraft, die an den Apolloberg gebunden ist, auf einen Nenner bringen wollen, so könnte man sagen, in ihm pulsiert die Lebensfreude. Es ist jene Lust am Dasein, die wir uns mühelos in Erinnerung rufen können, sobald wir uns auf eine sonnenbeschienene Blumenwiese träumen. Beschwingt von einer zeitlosen Glückseligkeit scheint unsere körperhafte Begrenzung zu zerfließen und wir mit der Welt zu wehen. Doch wer tatsächlich mit der Welt in Einklang schwingt, wird nicht nur die Lust am Dasein, sondern auch das Leid des Hierseins empfinden. Ein Mensch, der auf diese Weise die Welt erfährt, ist ein selbstloser Mensch, und sein Leid mit der Welt ist selbstloses Mitleid. Solches Mitleid aber birgt grenzenlose Liebe in sich. Im Apolloberg wirkt das Wesenhafte als Ausdruck des es tragenden Namenlosen. Daher erfaßt der Mensch diese Energie als möglicherweise erlösende, ihm Seelenfrieden bescherende. In ihrer materiellsten Ausdrucksform nährt sie den Sinn für das, was althergebracht das Wahre, Schöne und Gute genannt wird.

Ein *erhabener* Apolloberg gehört zu einem feinsinnigen Menschen, der sich sehr gut in seine Mitmenschen einfühlen kann. Ihm ist der Nächste nicht nur Spiegel für sein Selbst, sondern er ist auch sensibel genug, die Empfindungen des anderen als seine nachzuerleben. Wohl deswegen kann er von großer Rücksichtsnahme sein; jedenfalls ist er ein Mensch, der seine Partner in ihrem Sein ernst nimmt. Aus Achtung vor dem Nächsten und aus Wertschätzung allem Harmonischen gegenüber neigt er dazu, die Welt zu idealisieren. Dies birgt für ihn wiederum die Gefahr in sich, daß er a priori nur das Idealisierte in seinem Gegenüber sucht. Daß er auch ein kunstsinniger Mensch ist, versteht sich fast von selbst.

Ist der Apolloberg *hoch,* so gerät der Mensch leicht ins Schwärmen – am ehesten über sich. Er würde am liebsten die ganze Welt umarmen, im Grunde seines Herzens meint er jedoch nur sich. Sein Entgegenkommen und seine Herzlichkeit sind daher meist Selbstzweck, um den Nächsten von seiner Großartigkeit zu überzeugen. Dieser Mensch neigt auch dazu, seine Träume für eine allgemeine Wirklichkeit zu halten, und er träumt recht viel. Seine Überschwenglichkeit und Realitätsferne, gepaart mit seiner Eitelkeit machen ihn anfällig für jede Art von Anerkennung, die seine Selbsteinschätzung stützt. In extremen Fällen, meist sind dies jene, bei denen dem Anspruch kein Vermögen gegenübersteht, führt dies hin bis zur Hörigkeit. Im übrigen kann sich ein solcher Mensch auch an seinem guten Geschmack den Appetit verderben, indem er sich einfach zuviel auflädt.

Ein *flacher* Apolloberg liegt in der Hand von nüchternen, oft spröden Menschen. Sie empfinden sich meist selbst als unglücklich, weil sie um ihre mangelnde Erlebnistiefe wissen. Ihnen fehlt die Herzlichkeit, die sie selbst von innen heraus wärmen könnte. Diesem Gefühl der inneren Leere entfliehen sie nicht ungern, indem sie sich ans Materielle binden; finden sie doch so übers Gut am ehesten zu ihrem Nächsten.

Der Merkurberg

Merkur war in der Antike ein Gott mit einem vielfältigen Geschäftsbereich. So war er nicht nur Götterbote, sondern galt auch als Gott der Diebe, Patron der Kaufleute, Hirtengott, Erfinder des Opferfeuers, der Flöte, Sprache und Schrift, zudem begleitete er die verstorbenen Seelen ins Jenseits. Und so ist es nicht verwunderlich, wenn den, dem Merkur zugeschriebenen Zeichen in der Cheiromantie so viele unterschiedliche Bedeutungen unterlegt werden. Doch wenn man sich der ursprünglichen Funktion Merkurs als Windgott erinnert, so kann man darin die Ursache seiner Vielfältigkeit entdecken. Und eben diese Vorstellung Merkurs als Windgott kann sich der esoterische Handleser zum bildhaften Verständnis der Energien im Merkurberg durchaus zu eigen machen. Geht es ihm doch primär um die ätherische Wirkung der Merkurkräfte und nicht um ihre für die Cheiromantie bedeutsamen materiellen Ausdrucksformen.

In dieser ursprünglichen Weise ist die Energie im Merkurberg jenes Medium, durch das das Unermeßliche sich uns mitteilen kann. Dies wird jedoch keine Kommunikation im üblichen Sinne sein, da wir als Begrenzte dem Unermeßlichen nur lauschen können. Solches Lauschen aber ist ein Sichöffnen, welches selbstlose Hingabe bedingt. Dies würde freilich bedeuten, daß der Mensch das ihm Wesenhafte ihn durchdringen läßt, also seine Ichhaftigkeit nur Funktion, hingegen nicht er selbst ist. Darin liegt aber auch der Grund dafür, daß diese Energie in den meisten Menschen so weit kondensiert, daß sie als

Talent auf materieller Ebene intellektuelle Qualität annimmt. Denn egozentrisches Selbstverständnis ist nun mal vornehmlich menschliches Selbstverständnis.

Ein *erhabener* Merkurberg weist einen Menschen aus, der durchaus erahnt, was ihn beseelt. Ob er jedoch daraus ein intellektuelles Spiel macht oder sich von dem Erahnten erfassen läßt, liegt letztlich in seiner Risikobereitschaft, über das Bekannte hinaus Neues entdecken zu wollen. Der Merkurfinger kann hier über die Tendenz weitere Auskunft geben. Jedenfalls verfügt ein solcher Mensch über eine ihm selbstverständliche religiöse Empfindsamkeit. Daß es Dinge zwischen Himmel und Erde gibt, die er mit seiner Schulweisheit nicht denken kann, ist für ihn eine Binsenweisheit. Diese Zwischenwelt ist für ihn eine reale Erscheinung, die sein Inneres bereichert, ihn auf gewisse Weise sensibilisiert.

Ob ihm jedoch dieses Feingefühl für ein spirituelles Erleben hilfreich ist oder vielmehr auf materieller Ebene nützt, zeigt sich im wesentlichen in den Handlinien. In seiner materiellen Auswirkung begünstigt ein erhabener Merkurberg den Erwerbssinn sowie sprachliche Ausdruckskraft, Beobachtungsgabe, Ideenreichtum und Organisationstalent. Alles Eigenschaften, die den Anforderungen einer gutdotierten Stelle genügen würden. – Da die Zeichen der Merkureigenschaften nicht eindeutig verraten, ob sie materiell oder spirituell gelebt werden, sollte sich der Deuter durch Nachfragen vergewissern.

Die Energien eines *hohen* Merkurberges werden fast immer auf materieller Ebene ausgelebt. Denn für eine spirituelle Lebensweise, zur Hinwendung an das Transzendente bedarf es nicht solcher Kraft; dies geschieht eben auf eine leise sanftere Art. Das Zuviel an Energie formt einen sehnsuchtsvollen Menschen. Doch sein Sehnen ist ein unbestimmtes, unerfülltes. Es ist zu mächtig, um es zu transzendieren. Darum wird es ihm zur körperlichen Pein, und er sucht deswegen die himmlische Lösung bereits auf Erden. Deshalb wird ihm der Gedanke Lebensprogramm, daß ein Gott den Rechtschaffenen schon auf Erden belohnt, da dieser die Güter des Herrn zu dessen Wohlgefallen mehrt.

In einem *flachen* Merkurberg fehlt die Kraft, daß der Mensch die Berührung des Überirdischen in sich empfinden kann. Ihm reicht die Welt so weit, wie er sie denken kann. Gerade weil er sich hauptsächlich in materieller Weise definiert, fehlt ihm das nötige Gespür fürs Zwischenmenschliche. Materiellen Erfolg muß er sich hart erarbeiten, wohl deswegen, weil es ihm an Seelenkraft fehlt, den seelischen Bedürfnissen anderer zu entsprechen.

Die Kommunikation der Handberge

Viele Berge sind zwar ein Gebirge, trotzdem ist ein Gebirge eine für sich gültige Erscheinung, die mehr ist als die Anhäufung einzelner Berge. Gleiches gilt auch für die Handberge. Deswegen dürfen sie bei der Deutung nicht zu sehr isoliert betrachtet werden. Die Berge stehen einmal zueinander in Beziehung und prägen zum anderen als Gesamtheit den Ausdruck der Handfläche.

Die Beziehung der Handberge zueinander betrachtet der Deuter zum einen durch das Schema der horizontalen und vertikalen Handteilung. So nährt die Vitalkraft den Handlungsimpuls des kleinen Marsberges und transformiert schließlich zur Kraft des Selbstbewußtseins im Jupiterberg. Im Neptunberg liegt die formende und bändigende Kraft der Herkunft. Von hier aus bricht der Mensch auf, um in der Erdebene seinen Lebensraum zu gestalten, um dann von den Höhen des Saturn- und Apolloberges aus sein Werk zu messen. Und an der Handkante entlang erfährt er das Du, wird angesprochen aus den Tiefen menschlicher Reifung; wird geprüft mit der Richtschnur allgemeinen Seins; um letztlich im Merkurberg das göttliche Du zu vernehmen. – Das horizontale Zusammenwirken der Handberge muß hier nicht mehr zusammengefaßt werden. Es wurde ausreichend bei der Vorstellung der einzelnen Berge berücksichtigt.

Doch neben dem Schema der horizontalen und vertikalen Teilung sollte der Handleser auch die Polarität der Handberge zueinander berücksichtigen. Dabei liegt dem cheirosophischen Prinzip der Polarität auch ein astrales zugrunde, das zur Verdeutlichung des Zusammenwirkens der in der Hand versinnbildlichten Kräfte nachstehend kurz beschrieben wird.

Die in der Zeichnung (Abb. 16) festgehaltene Verteilung positiver und negativer Pole über die Hand, die

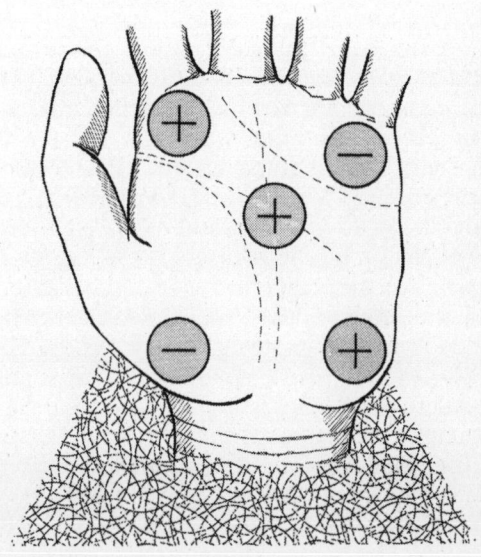

Abb. 16

nach radiästhetischen Methoden festgestellt wurde, zeigt auf, daß sich neben den in den Handbergen gebundenen Energien gleichsam ein Energiefluß um die Erdebene dreht. Wobei die Richtung des Energieflusses regelmäßig pulsiert. (Dies darf jedoch nicht mit der üblichen körperhaften radiästhetischen Handstrahlung gleichgesetzt werden.) Die negativen Pole sind Zentren der Kraftaufnahme, während die positiven Pole Energien abgeben. Diese Feststellungen haben für die Deutung des Handlesers jedoch keine unmittelbare Bewandtnis, da für ihn der körperhafte Ausdruck der Hand Grundlage seiner Wesensschau ist. Trotzdem ist bemerkenswert, daß die Zentren der Kraftaufnahme wie der Kraftabgabe elementare Handberge sind. Zudem ist auffällig, daß sie sich diagonal entsprechen, während sie im Umlauf einander polar entgegengesetzt sind, was letztlich den Energiefluß auslöst.

Die astrale Polarität findet in der cheirosophischen Polarität ihre Entsprechung und Deutung (Abb. 17). Hier wirken jene vier Kräfte zusammen, die den Menschen in seinem Sein prägen, und durch deren Gewichtung er seine Ausrichtung erfährt. Diese vier Kräfte bedingen einander, auch wenn sie einander entgegengesetzt sind. Eben diese Gegensätzlichkeit ist grundlegend für das cheirosophische Menschbild. Sie zeigt den sich entwickelnden Menschen auf, der als die Erscheinung des Spannungsfeldes der in ihm wirkenden Kräfte einem endlichen Ausgleich zustrebt. Also nicht die Kräfte an sich sind das dem Menschen Wesentliche, sondern das durch sie bewirkte Spannungsfeld. Wobei die in den Handbergen gebundene Energie die Substanz des Menschen, das ihm Wesenhafte, Beseelende, entscheidend ausmacht. Denn das Wesentliche ist die Erscheinung des Menschen in seinem Lebensraum, während das Wesenhafte das die Erscheinung begründende, im raumzeitlosen wurzelnde ist.

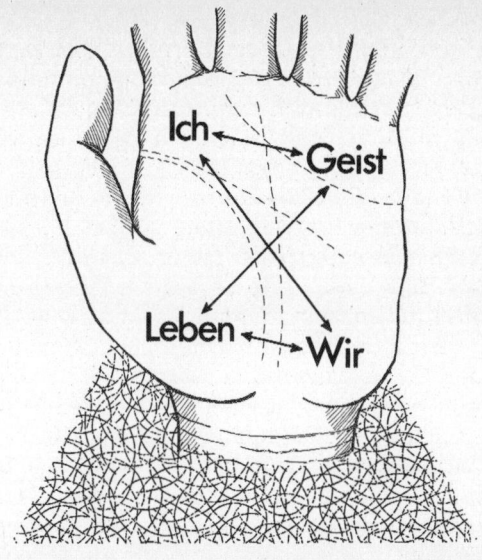

Abb. 17

Die energieaufnehmende Kraft im Venusberg, die den Menschen zur Selbstbehauptung drängt, ist den Kräften im Mond- und Merkurberg entgegengesetzt. Während die Kraft im Mondberg ein ergänzender Gegensatz zu ihr ist, wirkt die Kraft im Merkurberg, da von gleicher Polarität, ausschließend. Der Gegensatz im Mondberg ist ein anziehender. Erst durch die Beziehung zum Du wird der Mensch zum die Welt erfahrenden und gestaltenden Subjekt. Zugleich ist das ihm äußerlich Gegenübertretende eine innerliche Erscheinung. Daher wird das Du zum Wir, denn die Erfahrung des anderen ist immer auch eine Selbsterfahrung.

Anders gestaltet sich der Gegensatz der Venuskraft zum Merkurberg. Während durch den Venusberg die Vitalkräfte genährt werden, werden durch den Merkurberg die Geisteskräfte gespeist. Beide Kräfte wirken aufeinander diametral. Doch diese einander entgegengesetzte Wirkung ist die den Menschen zutiefst bewegende. Zum einen strebt er die Behauptung in seinem Lebensraum an, zum anderen ist es die geistige Entwicklung, die seinem Leben Sinn verleiht. Obwohl die eine Kraft die andere ausschließt, bedingen sie sich gegenseitig; denn die eine wie die andere Kraft hat für sich alleine keinen Bestand.

Aus der Sicht des Jupiterberges wiederholt sich das zuvor Beschriebene nur mit anderen Vorzeichen. Hier ist das Wir des Mondberges absolut konträr zur selbstbewußten Egokraft des Jupiterberges, die wiederum in der geistigen Wirkung des Merkurberges ihre ergänzende, gegensätzliche Entsprechung hat. Denn in der Überwindung der Ichverhaftung findet der Mensch seine Vollendung. Andererseits ist Geistigkeit kein Wert an sich, sondern muß, um manifest zu werden, vom Menschen individuell erfahren werden und durch seine Person über ihn hinauswirken. Sodann kann sie als spiritueller Lebensausdruck wiederum erkannt und subjektiv empfunden werden. Wobei sich hier der Kreis im Mondberg schließt, der Mensch erfährt dann die gelebte Geistigkeit zum einen im Venusberg als seine das Menschsein ergänzende und vollendende Kraft, und zum anderen im Jupiterberg als die seine Begrenzung auflösende. Letzterer Aspekt ist zugleich ein weiteres dynamisches Element, denn in der stets aufs neue zu vollziehenden Abgrenzung zum Wir liegt der Sinn der materiellen Entwicklung.

Der Prozeß der geistigen und materiellen Entwicklung hinterläßt seine für den Deuter erkennbaren Spuren in der Erdebene. Durch sie werden die konträren Kräfte voneinander getrennt und zugleich gebunden. In welchem Maß die vier elementaren Kräfte den Menschen prägen, liest der Deuter, indem er die Höhen in der beschriebenen Weise zueinander in Beziehung stellt. In welche Richtung der Mensch seine Prägung lebt, erkennt er aus den Linien der Hand. Doch ohne das Sehnen des Menschen zu kennen, kann der Deuter den Lebenspfad nicht aufzeigen. Deswegen wendet er seine weitere Aufmerksamkeit zunächst den Fingern zu.

Die Finger, Antennen geistiger Kommunikation

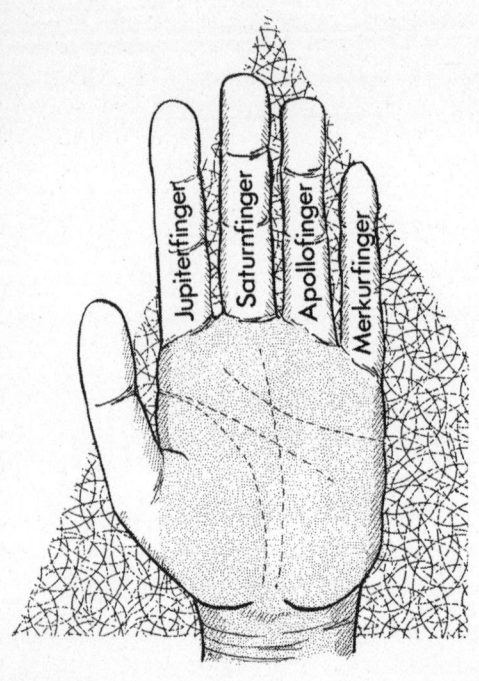

Abb. 18

Durch die Finger (Abb. 18) ertastet sich der Mensch seinen Lebensraum, erfährt seine Dichte und Durchlässigkeit. Über die Finger teilt sich andersherum die Welt dem Menschen auf unmittelbarste Weise mit. Mit den

Fingern antwortet der Mensch auf diese Eindrücke, indem er seinen Lebensraum gestaltet. Die Finger sind demnach beides, in die Welt gehaltene Fühler, um die Welt zu erfassen, und Werkzeug, um das Erfaßte zu formen. Diese Wechselwirkung ist Ausdruck menschlicher Intelligenz und somit ein geistiges, wenn auch noch materiell gebundenes Prinzip. Wohl deswegen dienten die alten Griechen sie Minerva, der Göttin der Weisheit, zum Schutz an. Doch über die rationale Zuwendung zur Welt hinaus sind die Finger auch Symbol für die spirituelle Wesenheit des Menschen. Indem er die Welt erfühlt, sucht er zugleich, die geistige Ursache der Erscheinungen zu entdecken. Es ist der Versuch, hinter den Stein zu schauen, den man aufgehoben hat. Diese Sicht ist eine materiell gelöste, nur spirituell erfahrbare. Für den esoterischen Handleser ist diese bildhafte Bedeutung der Finger maßgeblich. Schließlich symbolisieren die Finger gemeinsam fünf Stufen menschlicher Seinszustände. Der Daumen steht für das elementare Bewußtsein des Menschen; der Jupiterfinger zeigt das die Welt meisternde, im dinglichen gründende Ich; der Saturnfinger verweist auf den, die Welt formenden Geist; im Apollofinger drückt sich die seelische Innerlichkeit aus und im Merkur löste der Mensch letztlich seine Ichverhaftung.

Der Vierfingergestalt steht der Daumen quasi als Gegenhand gegenüber. Deswegen wird er in der anschließenden Erläuterung auch den vier Fingern eigens vorangestellt.

Der Daumen

Der Daumen ist der beweglichste der fünf Finger und unersetzbar für die Verrichtung unserer Alltäglichkeiten. Der Daumen kann der Hand entgegengehalten werden; daher auch der Begriff Gegenhand. Durch ihn sind wir imstande, mit natürlicher Kraft das zu ergreifen und festzuhalten, was uns begegnet. Er ist der Finger, der die Welt nicht tastend, sondern zugreifend, vereinnahmend erfährt. Ihm fehlt das dritte Fingerglied und damit das in den anderen Fingern enthaltene geistige Prinzip. So stellt sich der Daumen als eine durch und durch irdische, an die materielle Welt gebundene Kraft dar. Dies verdeutlicht auch seine Verbindung zum Venusberg unter dem seine Basis, der ihn tragende Mittelhandknochen, liegt. Es ist auch die den Menschen zur Selbstbehauptung drängende Energie des Venusberges, die sich im Daumen auf eine selbstverständliche Weise fortsetzt und die Präsenz des Menschen als einen, seinen Lebensraum bestimmenden, Faktor symbolisiert.

Der Daumen ist so der natürliche Gegensatz zum geistigen Prinzip, das sich in den anderen Fingern verkörpert. Mit dem Daumen schafft der Mensch zunächst den Raum, in dem dann sein Geist sich entfalten und wirken kann. Andererseits muß der Daumen das vom Geist Gewollte und in den Fingern Angelegte aufnehmen und ihm in materieller Weise zum Ausdruck verhelfen. Daher muß das Verhältnis von Daumen- und Fingergröße einander entsprechen. Ein zu kleiner Daumen ist deshalb genauso widersinnig wie ein zu großer. Der eine verschafft dem Geist nicht die materielle Basis, damit er mit dem Lebensraum des Menschen in Dialog treten kann; der andere schafft einen Raum, den der Geist nicht füllen kann. Beides wirkt behindernd auf die spirituelle Entwicklung eines Menschen und dessen Identifikation mit seinem Lebensraum.

Der Daumen ist neben unserem Gehirn der Körperteil, der es uns Menschen ermöglicht, über unseren natürlichen Lebensraum hinauszugreifen und uns über das Mitlebende hinaus zu entwickeln. Daß diese Entwicklung bildhaft im Menschen verborgen ist, zeigt sich unter anderem an der Einstellung von noch in urtümlicher

Weise lebenden Menschen, die ihren Daumen als Bewahrer ihrer Seele betrachten und ihn deswegen vor Fremden und dem bösen Blick in ihrer Hand verbergen. Übrigens ist diese Schutzgeste scheinbar eine zutiefst eingeborene. Das Neugeborene wie auch der Sterbende drehen ihren Daumen nach innen. Was beim Neugeborenen ein Noch-nicht-Beisichsein ausdrückt, wird beim Sterbenden zum Zeichen der letzten Sammlung, ein In-sich-gekehrt-Sein vor dem Aufgehen in eine andere Sphäre. Ähnlich muß die Handhaltung von Appalikern (im Dauerkoma befindlichen Patienten) gedeutet werden, die auf eine völlige Entäußerung schließen läßt.

Da der Daumen eng mit urgründigen, unbewußten und vorbewußten Triebkräften verwurzelt ist, versucht der Deuter zunächst, das unbewußte Moment zu entschlüsseln, welches den Menschen auf die ihm eigene Weise dazu drängt, so und nicht anders seinen Lebensraum für sich zu behaupten. Ein erster Schritt zur Feststellung, mit welchem Temperament der Mensch ins Leben greift, liegt in der Beurteilung des Daumenansatzes, des Abspreizwinkels und der Beweglichkeit des Daumens.

Der Daumenansatz liegt unterhalb der Kopflinie. Dadurch wird auf bildhafte Weise deutlich, daß der den Daumen bewegende Impuls ein unbedachter ist. Noch bevor der Mensch seinen Willen zur Selbstbehauptung bewußt bekundet, drängt ihn das Unbewußte, sich Lebensraum zu schaffen. Diesen ihn in den Raum zwingenden Impuls kann der Mensch nicht verleugnen, da er ihn nicht auf einer rationalen Ebene erfassen kann. Er kann ihm nur innewerden, als eine ihn tragende Lebensäußerung.

Bei einem *tief angesetzten* Daumen fließt weit mehr Energie aus dem Venusberg ab, als bei einem hochangesetzten. Darum wird ein solcher Mensch großen Wert auf seine materielle Präsenz legen. Er muß, um sich selbst wahrnehmen zu können, sichtbare Spuren hinterlassen. Eigentum wird ihm leicht zu einer Form der Selbsterweiterung. Auch körperliche Genüsse machen ihm sein Hiersein erst in einer für ihn annehmbaren Weise tatsächlich.

Ein *hoch angesetzter* Daumen gehört hingegen meist zu einem Menschen mit eher luftigem Temperament. Der grobstoffliche, lustbetonte Impuls aus dem Venusberg treibt ihn nur in geringem Maße an. Ein solcher Daumen ist den anderen Fingern zu nahe, als daß er ihren Anspruch auf materieller Ebene durchsetzen könnte. Er greift mehr in einen geistigen Lebensraum, wobei er ihn nur mit wenigen teilt, da es ihn weit weniger drängt als andere, sich in materieller Weise zu offenbaren.

Der Abspreizwinkel des Daumens ist Gradmesser für die Lebhaftigkeit der Selbstdarstellung eines Menschen. Ein scheuer Mensch wird seinen Daumen nur wenig zur Seite abspreizen können. Er ist sich seiner Vitalkraft nicht ganz sicher, meistens neigt er dazu, sich zu unterschätzen. Doch in dem Maße wie er sich vorwagt, verteidigt er seinen Raum auch mit Zähigkeit. Der maximale Abspreizwinkel, auch Daumenfreiheit genannt, beträgt nur selten mehr als 90 Grad. Ein Mensch, der seinen Daumen mühelos im rechten Winkel abspreizen kann, verfügt über eine reichlich gesunde Portion Selbstvertrauen. Er ist von ernst zu nehmender Eigenwilligkeit und läßt sich nicht so ohne weiteres von konventionellen Zwängen beeindrucken. Als normal gilt indes eine Daumenfreiheit von zirka 60 Grad. Ein solcher Mensch ist auch von seiner Willenskraft wie von seiner inneren Stabilität und Kontaktfähigkeit her das, was man gemeinhin als normal versteht.

Als weiterer Gradmesser zur Lust an der Selbstbehauptung gilt die Beweglichkeit des Daumens; wobei die Biegefähigkeit des Daumens aus sich heraus nach hinten maßgeblich ist. Ein *starrer* Daumen läßt sich bei aufgelegter Hand nur wenig von einer Tischplatte heben. Er verstärkt die eigenbrötlerischen Züge in einem Menschen; was er sich vorgenommen hat, verfolgt er mit erheblicher Sturheit. Widerstände nimmt er dabei in Kauf. Wobei die verborgenen Motive seines Handelns, da von drohender Natur, meist auch ihm unverständlich bleiben. Demgegenüber steht der überaus *biegsame* und bewegliche Daumen, der bei aufliegender Hand fast senkrecht in die Luft gereckt werden kann. Jener Mensch scheint gewissermaßen entwurzelt. Er findet wenig Halt in seiner eigenen Natur. Mangels Erdverbundenheit fehlt seinem Willensausdruck Gleichmaß und Beharrlichkeit. Die Venuskräfte strömen eher pulsartig in den Daumen, und so wechseln in diesem Menschen himmelhochjauchzende Begeisterung und antriebslose Niedergeschlagenheit einander ab. *Ideal* wäre eine Biegefähigkeit, die es einem erlaubt, seinen Daumen um zirka *45 Grad* nach hinten zu strecken. Ein solcher Mensch ist mit seiner Natur so verwachsen, daß er die ihn zur Selbstbehauptung drängende Kraft behend so umformen kann, daß auch bei wechselnden Gegebenheiten sein Willensausdruck noch Gültigkeit behält. Anpassung und Prinzipientreue ergänzens ich dabei, ohne daß er sich verleugnen müßte. – Letztlich sei im Zusammenhang mit der Elastizität des Daumens noch erwähnt, daß man in bildhafter Weise von einem verkrampften, stets gekrümmten Daumen auch auf Verspannungen und Verknotungen im Lebensimpuls eines Menschen schließen kann. Dies äußert sich in Blockaden im sexuellen Bereich ebenso wie im Körper- und Willensausdruck. Diese Blockierungen können sich von Mal zu Mal eruptionsartig in Anfällen von blanker Lebensgier lösen, sie können aber auch auf Dauer verkantet bleiben, und einen schrulligen Menschen ausmachen.

Ein Blick auf die Rundung des Daumenballens der Außenhand, quasi die äußere Begrenzung des Venusberges, verrät dem Deuter, ob die weiblichen oder männlichen Kräfte, die aufbauenden und die zerstreuenden, auf harmonische Weise in einem Menschen schwingen. Eine schöne, weitgeschwungene Ausbuchtung kündet vom Gleichklang dieser Energien. Hinter einer übermäßigen Rundung des Daumenballens steht ein Zuviel an weiblicher Kraft, während eine Einbuchtung das männliche Prinzip im Menschen verstärkt. Diese Kräfte wirken vornehmlich auf einer unbewußten Ebene. Sie formen die, dem bewußten Willen vorangehende Entschlossenheit. Ursprüngliche Flexibilität und Konfliktbereitschaft, die im wahrnehmbaren Willensausdruck mitschwingen, gründen auf diesem Impuls.

Die Daumengröße und -stärke geben Auskunft über die Mächtigkeit der Willensbekundung und den Willen zur Selbstbehauptung. In der Ausformung des Daumens sucht der Deuter Antwort darauf, wie der Mensch durch die ihn ins Leben drängende Kraft auf materieller Ebene zur Durchsetzung des in ihm Angelegten genötigt wird.

Ein *normal* langer Daumen reicht bis etwa zur Hälfte des unteren Zeigefingergliedes. Wobei hier der Daumenansatz unberücksichtigt bleibt. Denn die Verbindung der Daumenspitze mit der Mitte des ersten Jupiterfingergliedes entspricht einem harmonischen Zusammenschwingen der erdhaften, den Menschen zur Ausformung seines materiellen Lebensraumes drängenden Kräfte mit der Kraft seines Selbstbewußtseins. Der natürliche Selbstbehauptungstrieb wird als ein gesunder Anstoß zur Hinwendung ins Dasein empfunden. Willens- und Durchsetzungskraft werden realistisch eingeschätzt und den Gegebenheiten entsprechend dosiert eingesetzt. Das geistig Gewollte findet einen selbstverständlichen Widerhall auf der materiellen Ebene.

In einem *langen* Daumen verstärkt sich der Impuls zur

Beharrung und Festigung des körperhaften Hierseins. Der Anspruch anderer auf Teilhabe im sich zugedachten Lebensraum wird oft mit besonderer Rücksichtslosigkeit abgewehrt. Ein solcher Mensch hält seinen Kopf gern über andere, auch wenn er dann nicht weiß, in welche Richtung er blicken möchte. Weiter kann er von mitreißender Lebendigkeit sein. Und gelingt ihm gar Einsicht in die zwanghaften Strukturen seines Dominanzverlangens, so kann er durchaus anderen mit seinem Zuviel an raumgreifender Vitalkraft partnerschaftlich zur Seite stehen.

In einem *kleinen* Daumen ist auch der vitale Impuls, das Hiersein als körperhaftes Pendant zum Geist auszuformen, geringer. Den aus dem Venusberg einströmenden Vitalkräften wird zu wenig Raum geboten, sich zu entfalten. Dadurch wirken sie oft sehr diffus. Mal ist der Anstoß zur sexuellen Behauptung stärker, mal drängt verstärkt der materielle Gestaltungswille nach außen. Dies begünstigt zwar, daß der Mensch von Fall zu Fall meist die notwendige Triebkraft aktivieren kann und über eine instinktive Anpassungsfähigkeit verfügt, andererseits macht ihn dies in besonderem Maße anfällig, fremden Einflüssen zu unterliegen.

Nicht nur die Länge des Daumens ist für die Ausdruckskraft der Vitalenergien maßgeblich, sondern auch seine Breite. Dabei wirkt das Verhältnis von Länge und Breite in bildhafter Weise. Wie bei einem Kanal kann ein zu flaches Bett den Durchfluß beschleunigen, während in einem zu tiefen Bett das Wasser träge dahinfließt. Bei einem langen und schmalen Daumen bedeutet dies, daß der Mensch wie ein Hansdampf in allen Gassen seine Präsenz auf jede erdenkliche Weise bekunden möchte, ohne daß sich dahinter genügend Potenz verbirgt, sich auch dauerhaft behaupten zu können. Ein breiter aber kurzer Daumen hingegen drückt geballte Kraft aus, die nur teilweise formend umgesetzt werden kann. Sie ist zu sehr gestaut. Ein solcher Mensch glaubt zwar, Weltbewegendes leisten zu können, doch fällt es ihm schwer, seine Kräfte zu konzentrieren. Meist nimmt er sich zuviel vor, wodurch ein beachtlicher Teil seiner Energien ungenutzt verpufft.

Die Gesamtgestalt des Daumens zeigt den Menschen in seiner Willensbekundung im wesentlichen als jenen, der die ihn drängenden Kräfte nur in einer in ihm angelegten Weise erfahren und äußern kann. Bei der Beurteilung der Daumenglieder erfährt ihn der Deuter indessen auch als ein sich selbst Regulierenden. Wobei die regulativen Möglichkeiten letztlich doch im Wesenhaften angelegte sind. Dem Menschen selbst obliegt es jedoch, welchen der regelnden Kräfte er mit wachsendem Selbstverständnis den Vorzug gibt. Als Indiz für die von ihm gesetzte Priorität beachtet der Deuter markante muskulöse Ausformungen der Daumenpartie.

Durch das untere Daumenglied strömen die Venuskräfte, um im oberen Glied im Kontakt mit dem Lebensraum auf materielle Weise umgeformt zu werden. Das untere Daumenglied ähnelt demnach einer Passage, die zum einen vom drängenden Zufluß und zum anderen von der Mächtigkeit und Güte der Transformation geprägt wird. Es ist kein aktives Glied. Seine besondere Eigenschaft ist seine passive Bereitschaft, der Vitalkraft empfindsames Gefäß zu sein. Hier ist die Vitalkraft nicht nur ein um seiner selbst willen ins Leben drängender Impuls, sondern verfeinert sich zu einer sich selbst gewahr werdenden Kraft. Dieses Gewahrsein ist jedoch kein dem Menschen bewußtes, sondern eine körperhafte Sensibilität. Sie ist verwoben mit der Intelligenz des Körpers, der dem Menschen auf eine unerklärliche, trotzdem deutlich vernehmbare Weise signalisiert, was ihm gut und was ihm schlecht bekommt. Es ist der Ort der Sammlung, des sich treibenden Erfassens. Hier kommt der Mensch auf eine elementare Weise zu sich. Diese

Eigenschaften verstärken sich mit einer proportional verträglichen Zunahme des Umfanges bei gleichzeitiger harmonischer Taillierung.

Ein *langes* unteres Daumenglied ermöglicht es dem Menschen, seinen Lebensraum auf eine emotionale, das Unbewußte ansprechende Weise zu erfahren. Diese Erfahrung wirkt bildhaft in ihm und befähigt ihn zu einer intensiven Wahrnehmung seiner Umwelt. Zugleich birgt diese Fähigkeit die Gefahr in sich, daß der Mensch seine Eindrücke im Unbewußten so weit selektiert, daß er sich nur noch verhalten darstellt. Seine Sensibilität kann ihm so zur Last werden. Bei einem *kurzen* unteren Daumenglied sind solche unbewußten Lebenseindrücke zu verwaschen, als daß sie im Inneren bildhaft verarbeitet werden könnten. Solche Zerrbilder machen den Menschen launisch. Seine Reaktionen stehen oft in keinem erkennbaren Zusammenhang zum Anlaß. Ein nur *wenig* oder gar nicht tailliertes Daumenglied deutet auf einen Mangel an Feingefühl seiner eigenen Lebensäußerungen gegenüber hin. Meist verschafft sich dieser Mensch gröbere Reize, damit seine Selbstempfindsamkeit anspricht.

Durch das obere Daumenglied, das Nagelglied, drükken sich die Vitalkräfte im Lebensraum des Menschen aus. Hier offenbaren sie sich als die grundlegend formende und gestaltende Kraft. Das vom Geist Gewollte wirkt durch dieses Glied in raumzeitlicher Weise. Auch wenn die hier pulsierende Energie noch triebgerichtet ist, wirkt sie für den Menschen nicht mehr vornehmlich dunkel drängend, sondern wird von ihm als eine ihm zur Verfügung stehende Kraft erfaßt. Der Mensch ist sich hier bereits seiner Willens- und Selbstbehauptungskraft bewußt geworden und versucht sie, seinem Verständnis entsprechend anzuwenden. Durchsetzungskraft und das Vermögen zum planmäßigen Einwirken auf andere erkennt der Deuter in diesem Glied, dessen Eigenschaften sich mit seiner Größe verstärken.

Mit einem *langen* und *schlanken* Nagelglied äußert der Mensch sein Wollen nur bedingt und meist diffus. Sein Hiersein bekundet er gern durch spontane Akte der Selbstdarstellung, die zwar beeindrucken, doch mehr Feuerwerkscharakter haben. Je mehr sich ein langes Nagelglied verdickt, um so mehr nehmen die Willensbekundungen autoritäre und unbeherrschte Züge an. Hingegen bei einem *kurzen* und *dicken* Nagelglied treten die Kräfte nicht so leichtflüssig zutage. Sie werden eher zurückgehalten, stauen sich auf und wirken zersetzend nach innen. Ein *schlankes* und *kurzes* Nagelglied läßt einer selbstbewußten Willensausformung ebenfalls zu wenig Raum. Es sind überwiegend noch ungeformte, intuitive Energien, die die Willensentscheidungen dieses Menschen lenken.

Ein Nagelglied kann von vorn betrachtet sehr breit wirken, während es im Profil kaum Substanz hat. Deswegen beurteilt der Handleser die Größe des Nagelgliedes von beiden Seiten. Die Frontalansicht verrät ihm etwas über die elementare Kraft des Menschen, während er vom Profil her ableitet, wie dieser Mensch diese Kraft umsetzt.

Schließlich verrät die Form des Nagelgliedes dem Handleser noch etwas über das grundlegende Temperament, mit dem der Mensch bereit ist, in seinen Lebensraum zu greifen und ihn zu formen. Dabei spielen dieselben drei Grundformen wie bei der Außenhand eine Rolle. Wobei es ideal wäre, wenn die Daumenspitze die Rumpfform der Außenhand wiederholen würde. Da dann zwischen dem prinzipiellen Ausgerichtetsein des Menschen und dem Temperament seiner Selbstbehauptung kein Widerspruch bestehen würde. Ein *spatelförmiges* Daumenendglied weist auf einen übermächtigen Gestaltungswillen hin, der jedoch nicht in der vom Menschen selbstverstandenen gebührenden Weise umgesetzt werden kann. Oft löst sich die Energie erst in jähzornigen Ausbrüchen. Ein *eckiges* Daumenende drängt den Menschen dazu, dem vom Geist Gewollten in sachlicher und konventioneller Weise zum Ausdruck zu verhelfen. Beim *konischen* Daumenende hingegen kommt es dem Menschen mehr auf die geistigen Werte seines Willensausdrucks an, deshalb ist er bereit, Kompromisse zu schließen, solange er dabei das geistig Gewollte nicht verfälscht.

Die Beziehung der Finger zur Handfläche

Da die Finger ein geistiges Prinzip ausdrücken, ist es für den esoterischen Deuter unerläßlich, ehe er sich der Einzeldeutung der Finger zuwendet, die Bedeutung dieses Prinzips für den Weg des Menschen abzuschätzen. Hierzu gewichtet er die Fingergröße im Verhältnis zur Handfläche, da sich in der Handfläche in gegensätzlicher Weise die materielle Wesenheit des Menschen ausdrückt.

Lange Finger betonen daher die Geisteskraft eines Menschen. Sein Lebensschwerpunkt liegt im geistigen Bereich. Dort findet seine Auseinandersetzung mit der Welt im wesentlichen statt. Wobei von vornherein nicht feststeht, ob dies eine intellektuelle oder eher spirituelle Lebenshinwendung ist. Jedenfalls dringt der Lebensimpuls rasch durch die Handfläche, um mit nur wenig gebändigter Kraft in die Finger aufzusteigen. Die geistige Empfindung wird so dem Menschen zur eigentlichen Wahrnehmung seines vitalen Seins. Die Gefahr liegt hierbei nahe, daß ein Mensch mit zu langen Fingern das unabdingbare Wechselspiel mit seiner materiellen Wesenheit geringschätzt und seine Geistigkeit daher letztlich saftlos bleibt. Die geistige Sphäre wird ihm so zur sich selbst bezweckenden Lebenssphäre. Sie bleibt jedoch spröde und lebensfremd, da ihr der materielle Widerhall fehlt.

Ein Mensch mit *großem Handteller* lebt die Kräfte seiner körperhaften Natur. Der materielle Lebensausdruck ist ihm ein selbstverständlicher, dem er auch nicht entfliehen möchte. Er bemüht sich, dem ihm gewahr seienden geistigen Prinzip in einer natürlichen, ihm entsprechenden Weise zum Ausdruck zu verhelfen. Meist versucht er dabei, seine geistige Empfindung in seinem materiellen Lebensraum wiederzufinden beziehungsweise sich hierfür dinghafte Bestätigung zu verschaffen. Auch bei diesem Menschen besteht die Gefahr, daß er seinem Lebensschwerpunkt zu viel Gewicht beimißt und einer spirituellen Entwicklung entsagt.

Grundsätzliches zu den vier Fingern

Wenn auch jeder der vier oberen Finger ein anderes Prinzip menschlicher Entwicklung ausdrückt, haben sie doch weitgehendst einander ähnelnde Merkmale, durch die sich wiederum ein gemeinsamer Wesenszug darstellt. Mit seinen Fingern greift der Mensch nach einer ihm jenseitigen Welt, in eine göttliche Sphäre. Er streckt dabei seine Finger nicht nur in die Luft, sondern gleichsam in den Äther, dem göttlichen Odem. Und so werden sie umweht von der das Wesenhafte tragenden Kraft und haben auf eine stille, gelöste Weise Kontakt zum Raumzeitlosen. Diese ferne Anmutung erweckt im Menschen eine Ahnung von Wahrheit. In seinem Herzen klingt diese ewige Schwingung an. Auf sinnliche Weise wird er ihr gewahr und verspürt hinter seiner räumlichen Dichte ein unendliches Wesen.

Diese unbestimmte Ahnung ist zugleich Anstoß für sein Sehnen. Er erfleht aus tiefstem Seelengrund die Lösung aus seiner Dichte, um in der Ewigkeit zu verwehen. Und so sind die vier Finger auch Ausdruck menschlicher Sehnsucht nach Überwindung seiner materiellen

Gebundenheit. Dieser Wunsch, über sich selbst hinauszugelangen, macht den Menschen über sich nachdenklich. Er tritt scheinbar aus sich heraus und macht sich selbst zum Gegenstand seiner Beobachtung. Diese Haltung ist in den Fingern von unten nach oben gewichtet. Die Sehnsucht beflügelt den Willensausdruck, der Mensch drängt sich, dort bewußt zu sein, wo er Erfüllung erwartet. Aus den Fingern wiederum wird die Richtung deutlich.

Doch nicht jeder Mensch nähert sich dem Grund seiner Wesenhaftigkeit aus einer unbestimmten Sehnsucht heraus, manche werden vom Transzendenten erfaßt, ohne daß sie sich ihm entziehen können. Ihre Hinwendung an das Raumzeitlose geschieht dann aus einem unfaßbaren Gefühl des Angesprochenseins heraus. In den Fingern ist dieser Anruf von oben nach unten gewichtet. Die Nähe des Transzendenten und die Empfindsamkeit des Menschen dafür erfährt der Deuter gleichfalls aus den Fingern. Zeichen für das Hingewandtsein sind die Fingerberge, die die Geisteskraft im Finger anregen und nähren; Merkmal für die Empfindsamkeit des Wahrhaftigen sind Tautropfen an den oberen Fingergliedern (Abb. 19). Sie befinden sich an der nach innen gewandten Seite der Fingerkuppen. Dort setzen sie sich in feiner Form von der Fingerbeere ab und ähneln ein wenig zarten Tautropfen an einer Blüte. Die Sensibilität wird durch lange obere Fingerglieder noch erhöht.

Da jeder Finger ein eigenes geistiges Prinzip ausdrückt, ist auch seine Fühlung zum Transzendenten von besonderer Güte. Mit dem Jupiterfinger greift der Mensch nach dem Unendlichen, in der Hoffnung, sich mit ihm verhaken zu können; mit dem Saturnfinger will er die Ewigkeit im Vergänglichen bezeugen; durch den Apollofinger verschmilzt er in zeitloser Liebe und über den Merkurfinger kommuniziert das Unermeßliche mit ihm.

Die Fingerkuppen zeigen dem esoterischen Handleser

Abb. 19

nicht nur die Empfindsamkeit des Menschen für das Transzendente, sondern auch in welcher Weise er das Empfundene in seinem Lebensraum ausdrückt. Wobei diese dingliche Bekundung des Transzendenten, die ihm letztlich aufgegeben ist, zugleich der ihm wesenhaften Weise der Hinwendung entspricht. Für jeden Finger wird dabei eine sein Prinzip fördernde Idealform angenommen. Sie sind in der dem Kapitel vorangestellten Zeichnung dargestellt, und werden bei der detaillierten Erläuterung der Finger nochmals erwähnt. Abweichungen hiervon werden dort jedoch nicht näher erklärt, da auf sie nachstehende grundlegende Bedeutungen angewendet werden können.

Eine *spatelförmige* Fingerkuppe (Abb. 20) drängt den Menschen dazu, der Berührung durch das Transzendente unmittelbar Ausdruck zu verleihen. Das bedeutet für ihn andererseits, daß er sich dem ihn Beseelenden nur durch bewußte Verrichtung seiner Alltäglichkeit nähern kann. Damit ist eine Lebensführung gemeint, die gemeinhin als »Ganz im Hier und Jetzt« umschrieben

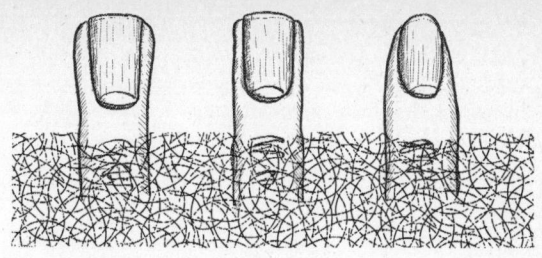

Abb. 20

wird. Geistige Erfüllung erlangt er somit durch harmonische Handlung.

Während beim Menschen mit der spatelförmigen Fingerkuppe im eigentlichen Tun Segen zu liegen scheint, ist es für jenen mit einer *eckigen* Fingerkuppe die Wirkung seiner Handlung, die ihm das Erlebnis der Transzendenz dinglich vor Augen führt. Ihm liegt sehr daran, seine Empfindung so darzustellen, daß sie als Botschaft auch von anderen verstanden wird. In umgekehrter Weise nähert er sich dem Namenlosen durch Nachempfinden dessen, was es wirkend offenbarte.

Einem Menschen mit *konischer* Fingerkuppe fällt es schwer, transzendentes Geschehen erkennbar zu umschreiben und hinter seiner dinglichen Manifestation zu vernehmen. Er erfährt das Raumzeitlose in seelischer Innerlichkeit als himmlischen Klang. Und es ist dieser Klang der Stille, den er durch sein Tun in die materielle Welt trägt. Nur wer ihm achtsam zuhört, kann ihn dann auch vernehmen.

Die Fingerform ist als Teil der Gesamtgestalt der Hand ein kaum veränderliches Zeichen. Daher sieht in ihr der Deuter eine Grundstruktur, die dem Menschen inne ist. Er kann dieser Anlage folgen oder sich ihr widersetzen. Jedenfalls lassen die Finger die Richtung erkennen, in der ein Mensch in einer ihn befriedigenden

Weise Fühlung zu dem ihm Wesenhaften aufnimmt und dem Vernommenen in Form und Güte in seinem Leben gültigen Raum verschafft. Zudem zeigen die Finger, mit welcher Mächtigkeit der Mensch dem einen oder anderen Aspekt seiner geistigen Empfindsamkeit zum Ausdruck verhilft. Die jeweilige Fingerlänge in Beziehung zu den anderen Fingern gibt darüber Auskunft, wie weit sich der Mensch hier dem entsprechenden Aspekt zuneigt und dieser somit in seinen Lebensraum hineinwirkt. Ob ein Mensch diese geistige Ausrichtung mehr aus seiner gelebten Erfahrung heraus gründet, oder ob er den Impuls in spiritueller Weise erfährt, verdeutlicht die Gewichtung der Fingerglieder. Ein großes Unterglied zeigt auf, daß der Mensch seinen Anstoß aus der materiellen Welt erhält und auch meist auf materieller Ebene verfolgt, während ein großes Nagelglied auf das Gegenteil schließen läßt. Ein längenbetontes Mittelglied verweist übrigens darauf, daß der Mensch das mit den Fingern verbundene geistige Prinzip aus einer überlegten Sichtweise heraus verfolgt. Das bedachte Erkennen seiner Innerlichkeit wird ihm zum Anstoß, dem Fingersinn nachzuleben. (In diesem Zusammenhang sei auch auf die beschriebene Dreiteilung der Finger im Kapitel »Die Handteilung« zurückverwiesen.)

Die Fingerstärke verrät dem Handleser, mit welcher Kraft der Mensch das durch den Finger ausgedrückte Prinzip verfolgt. Wobei hier wiederum die Fingerberge eine Rolle spielen, da sie die Energie liefern, die die Empfindsamkeit der Finger nährt. Ein dicker Finger auf einem flachen Berg kann nur zu einer nervösen Gereiztheit führen. Das durch den Finger vertretene Prinzip wird sich aber kaum auf der dinglichen Ebene des Menschen in gültiger Form behaupten können. Hingegen fließt durch einen schlanken Finger die Energie schneller, das Empfundene kommt unmittelbarer und daher nachhaltiger zum Ausdruck.

Letztlich sollten die Finger nicht nur erhabene Fingerberge in der Innenhand als Basis aufweisen, sondern sie sollten generell gut in der Hand wurzeln, wozu der Deuter die Knöchel betrachtet. Ihnen ist zusammen mit den Fingerknoten gegen Ende dieses Kapitels ein eigener Abschnitt gewidmet.

Der Jupiterfinger

Da der Zeigefinger die selbstbewußten Eigenschaften des Jupiterberges als geistiges Prinzip fortsetzt, wird er Jupiterfinger genannt. Als normal lang gilt ein Jupiterfinger, wenn er in etwa bis zur Mitte des Nagelgliedes des Saturnfingers reicht. Eine konische Fingerspitze entspräche der Idealform.

Der Jupiterfinger steht über dem Beginn der Lebenslinie und der Kopflinie. Zwar wird er von der Herzlinie auch anvisiert, doch nur selten endet sie auch in seiner Einflußsphäre. Daher stehen seine geistigen Merkmale auch vorwiegend in einer materiellen Wechselwirkung. Er ist nicht nur der Finger, mit dem wir in die Welt zeigen, deshalb auch seine medizinische Bezeichnung »Index«, sondern mit ihm bekunden wir auch unseren Willen und versuchen, andere zu dominieren. Dieser Finger steht auf dinglicher Ebene für unser egozentrisches Selbstbewußtsein, die Ausformung unserer Individualität und unsere Verstandeskraft, unsere Fähigkeit, uns unseren Lebensraum vorstellbar zu machen. Die spirituelle Ebene ist hierbei den materiellen Prinzipien angeglichen. Das Transzendente wird zwar als etwas Wesenfernes empfunden, trotzdem glaubt der Mensch, dorthin Zugang aus seinem Verlangen heraus gewinnen zu können. Und so ist hier seine Hinwendung zum Namenlosen eine auf dem rationalen Erkennen gründende. Die konische Fingerspitze begünstigt diesen Wesenszug.

Das rationale Element in diesem Finger macht dem Menschen seinen Daseinswillen erkennbar. Er wird sich seinem Drang zum Hiersein als eine in ihm wirkende, ihn begrenzende und formende Kraft bewußt. Dies ist der Akt, wo der Mensch mit seinem Jupiterfinger auf sich zeigt, sich als ein Selbst begreift. Sobald er ihn danach ausstreckt, ist ihm die Welt zum Du geworden, vor sich gestellt und begreifbar. Sein Standpunkt bestimmt dabei auch seinen Blickwinkel und die Qualität seiner Vorstellung. Es liegt nun am Menschen selbst, zu prüfen, ob die wahrgenommenen Bilder dem Wahren entsprechen. Seine Sicht muß nicht nur eine gültige sein, sondern sie muß sich für ihn letztlich auch spirituell bewähren. Das heißt, das Transzendente muß für ihn erkennbar durchscheinen. Nur dann weiß der Mensch, daß er sich auf dem rechten Weg befindet. Dies ist zuvorderst ein reifendes Dauern von Sehen, Handeln und Lernen, und deswegen symbolisiert der Jupiterfinger auch die zeitliche Dimension spirituellen Wachsens. – Ein zu starker Jupiterberg schränkt die spirituelle Entwicklung ein, da ichverhaftete, stofflich gebundene Kräfte dominieren.

Auf der dinglichen Ebene ist es das Prinzip des Jupiterfingers, die sich vorgestellte Welt zu eigen zu machen. Was der Mensch aufzeigen kann, versucht er, sich auch erklärbar und somit handbar zu machen. Sich in der Welt zu behaupten, bedeutet für ihn, die Welt zu bewältigen. Dazu muß er in die Welt greifen, sie begreifen und festhalten. Wozu er sie in Begriffen fixiert. Darin liegt aber auch eine große Gefahr für ihn. Denn wo er einerseits Orientierung sucht, indem er sich seinen Lebensraum statisch denkt, erzwingt er andererseits materielle Verhärtung. Da seine Vorstellung eng verknüpft ist mit seiner materiellen Existenz, mutet ihn eine Lösung seiner Vorstellungen existentiell gefährdend an. Diese Gefährdung kann durch den Umstand zunehmen, daß die unterhalb des Jupiterberges wirkenden Kräfte, wenn auch in gewandelter Form, gleichfalls bis in den Jupiterfinger wirken. Die aufsteigenden vitalen Triebkräfte werden dort vom erkennenden Selbst umrissen, sich vorgestellt und in dieser Form bewußt gemacht. Was zuvor drängende Natur war, wird so zum Willensziel. Aus der natürlich drängenden körperhaften Selbstbehauptung wird somit ein aus der Vorstellung abgeleitetes Programm zur Selbstverwirklichung. Nicht mehr das Originäre, die Natur, und auch nicht mehr das Wahre leiten dann den Menschen, sondern ein durch viele Vorstellungen verstelltes Selbstbewußtsein.

Die Mächtigkeit des selbstzentrierten Seinsempfindens offenbart die Fingerlänge, wobei die Intensität der Empfindung sich in der Fülle des Fingers ausdrückt. Die Wirksamkeit des selbstbewußten Ichanspruches steigert sich hingegen mit der relativen Schlankheit des Fingers. In einem zu langen Jupiterfinger müssen daher die wirkenden Kräfte längst nicht dem gewollten Geltungsanspruch des Menschen genügen. Denn fehlt es dem zu langen Finger an Fülle, hinkt auch das Selbstbewußtsein diesem Anspruch hinterher. Ein solcher Mensch wird sich von seinem Ichverlangen niedergedrückt fühlen. Er leidet unter dem Zwiespalt der nach außen getragenen Dominanz und der innerlich verborgenen Verzagtheit. – Diese Beobachtungen lassen sich gleichfalls auf einen zu kleinen Jupiterfinger übertragen, so daß seine grundsätzliche Bedeutung fehlender Ichstärke relativiert werden kann. Manch einer glaubt, des Menschen Hiersein dient vornehmlich der Lösung seiner Ichverhaftung. Diese Personen, meist sind es Menschen mit einem großen Nagelglied des Jupiterfingers, wären daher einem kurzen Jupiterfinger an der eigenen Hand nicht abgeneigt, verspräche er ihnen doch ein ohnehin schon schwaches Ich. Doch ist die Lösung der Ichverhaftung nicht gleichbedeutend mit der Erlöschung des Selbstbewußtseins, sondern bedeutet ein Enden der Selbstzentrierung. Und für diesen Akt bedarf es auch unabdingbar des Jupiterfingers, denn Voraussetzung zur Selbsterkenntnis ist ein gereiftes Selbstbewußtsein.

Die Aussage der Fingerlänge wird durch die Größe der Fingerglieder zusätzlich gewichtet. Wobei das untere Glied das aus einer natürlichen Quelle gespeiste, die Welt angreifende und formende Selbstbewußtsein darstellt. Das Mittelglied repräsentiert den benennenden und sich selbst bestätigenden Verstand. Hier versucht der Mensch, sich die Welt zu erklären. Mit dem Nagelglied tastet er hingegen nach einer Nische in der Ewigkeit, in die sein Ich schlüpfen könnte. Der Erfolg seiner Suche ist die sein Ego beunruhigende Gewißheit, daß sich das Transzendente seinem Zugriff und somit seiner Deutung letztlich doch entzieht.

Ist das untere Glied das dominierende, geht es dem Menschen im wesentlichen um eine dingliche Bekundung seiner Ichnatur. Jedenfalls will er sich keinen Lorbeer damit verdienen, daß er den Himmel auf Erden erklärt. Ist hingegen das Mittelglied das größere, könnte sich mancher eben gerade dies zur Aufgabe machen. Auf alle Fälle verbindet sich sein Seinsempfinden so sehr mit seinem Verstand, daß recht zu haben für ihn zur Seinsfrage werden kann. Bei einem betonten Nagelglied sehnt sich der Mensch nach Transzendenz. Da er nicht mit beiden Beinen auf dem Boden steht, sucht er Halt in der Lösung seiner Ichverhaftung. Den darin enthaltenen Widerspruch deckt er jedoch nicht auf. Bleibt doch die scheinbare Lösung seines Ichs hier im Jupiterfinger immer eine ichverwurzelte. Und so bleibt auch die als gelöst erachtete Schwingung selbstzentriert, wenn auch ein wenig verhaltener.

Der Saturnfinger

Der Mittelfinger der Hand ist der Saturnfinger. Er ist dann von normaler Länge, wenn er mit der Hälfte seines Nagelgliedes den Jupiter- oder Apollofinger überragt. Eine eckige Fingerspitze entspricht seinen Eigenschaften in vollkommener Weise.

Ein Bild, mit dem die Wesentlichkeit des Saturnfingers in sinnhafter Weise umschrieben werden kann, ist die zum Schwur erhobene Dreifingerhand. Mit Daumen, Jupiter- und Saturnfinger ruft der Mensch hierbei eine himmlische Macht zum Zeugen für seine Redlichkeit an. Der Saturnfinger überragt dabei die beiden anderen, so wie er üblicherweise auch die Spitze der Hand bildet. Er ist so dem Wahren näher. Deswegen gilt er als Symbol für den aus der Wahrheit heraus handelnden Menschen.

Der Mensch als Ausdruck des ihm Wesenhaften scheint gleichsam eingebettet in eine ihn tragende Kraft, deren Impuls er durch den Saturnfinger vernimmt und in seinem Lebensraum umsetzt, so wie er gleichermaßen die Hand zum Gebet erhebt, um die Anrührung durch das Zeitlose zu erflehen. Durch den Saturnfinger drückt er aus, daß er, obwohl innerlich die Welt erlebend, nicht von ihr getrennt ist. Die Welt endet nicht an seiner körperlichen Grenze, sondern er fließt mit ihr und sie mit ihm ineinander. Durch diese Vermengung erkennt der Mensch das Objektive in seiner Subjektivität. Das als ewig Gültige Vernommene wird ihm zur Maxime. Es in gültiger Form in der dinglichen Welt wieder entstehen zu lassen, wird ihm zum Inhalt seiner geistigen Intention. Durch den Versuch der materiellen Ausformung des in ihm anklingenden Namenlosen gestaltet er die Welt als seinen Lebensraum. Dort wiederum sucht er die Spuren des Objektiven, die sich hinter seiner subjektiven Ausformung verbergen. Dies wird dem Menschen zu einer fortdauernden Spurensuche an dem aus seiner

Selbst- und Welterkenntnis heraus Geschaffenem. Was ihm einerseits Produkt seiner subjektiv gewollten Leistung ist, ist ihm andererseits durch das Raumzeitlose angeregte Manifestation desselben, wodurch er sich selbst als ein zeitlos Währendes denken kann. Nur vordergründig ist daher das dingliche Prinzip des Saturnfingers, dem Leben Form und Ausdruck zu verleihen.

Der ursprüngliche und nicht immer vom Menschen wahrgenommene Kern dieses Prinzips ist allein, dem Menschen durch die Erkenntnis des in ihm Angelegten wahres Handeln zu ermöglichen. Erkennen und Handeln wäre dann eins, was letztlich karmafreies Tun bedeuten würde. Das alltägliche Tun gleicht jedoch meist nur einer entfernten Ahnung des Ideals. Vom Unermeßlichen angerührten Gewissen bleibt Gewissenhaftigkeit; von dem verspürten Weltganzen bleibt Verantwortungsgefühl und das bemerkte Durchscheinen des Objektiven durch die Subjektivität verleitet zur Anhänglichkeit. Alles Eigenschaften, die gemeinhin unter dem Oberbegriff Geradlinigkeit firmieren, und die in einer eckigen Fingerkuppe ihren idealen, sie anregenden transzendenten Widerpart haben.

Im Saturnfinger teilt sich auch die Hand: auf der einen Seite die ichbetonten Kräfte mit Daumen und Jupiterfinger und auf der anderen Seite die eher spirituellen Kräfte mit Apollo- und Merkurfinger. Der Saturnfinger hat somit gewissermaßen Schwellenfunktion. Er macht dem Menschen den Übergang von der einen zur anderen Dimension existentiell erfahrbar. Symbolisch schwingt hier der Mensch zwischen aktivem Tun und passiver Hingabe, was in seiner letzten Konsequenz wieder um das vorgenannte Prinzip der Einheit von Erkennen und Handeln als den ureigensten Sinn des Saturnfingers aufdeckt.

Die im Saturnfinger wirkenden Kräfte drängen danach, im Lebensraum des Menschen Gestalt annehmen zu können. Daher mißt der esoterische Handleser der im Saturnfinger versinnbildlichten Umsetzungskraft besondere Bedeutung bei. Ein normal schlanker Finger wäre bei ausreichender Länge auch hier wieder das Ideal, während die Extreme ein zu breiter oder zu dünner Finger darstellen. In einem zu *breiten* Finger bleibt die Kraft an sich selbst gebunden. Sie fließt nur zäh und ihre Bewegungen sind träge, aber nachhaltig, was sich gleichermaßen auf den Menschen auswirkt. Bedächtig greift er in seinen Lebensraum; was er sich vorgenommen hat, läßt er so schnell nicht wieder aus. Kraftvoll und hartnäckig verfolgt er sein Ziel. Da er überaus starrsinnig ist, läßt er sich nur schwer vom einmal gewählten Weg abbringen. Am besten eignen sich dafür die verhaltenen Phasen der Besinnung. Einem Menschen mit zu *dünnem* Saturnfinger geschieht das ziemliche Gegenteil. Die auf den Finger wirkenden Kräfte durchfließen ihn zu rasch, als daß der Mensch sie entsprechend formend umsetzen könnte. Er scheint zwar sehr aktiv, doch sein Tun ist ohne Substanz. Was er schafft, ist brüchig und unvollkommen, da ihm die Beharrlichkeit fehlt, ein Fundament zu schaffen, auf dem er gründen kann. Und so wirkt er fahrig und flüchtig.

Die Fingerlänge offenbart den inneren Zwang, durch den der Mensch sich gedrängt fühlt, die an ihn gestellten dinglichen und transzendenten Forderungen umzusetzen. Mit einem zu *langen* Saturnfinger greift der Mensch sehr weit in ihm jenseitige Sphären, daher ist er ihren Wirkungen in besonderer Weise ausgesetzt. Hier bedeutet es für ihn, daß sich das ewig Gültige ihm eindringlicher mitteilt als anderen. Der Mensch fühlt sich in eine besondere Verantwortung gesetzt, dem als objektiv Erachteten Gestalt in seiner Welt zu geben. Sein Handeln muß für ihn stets von allgemeiner Gültigkeit sein, zumindest strebt er dies an. Dabei geht er mit einem bemerkenswerten Gespür für die geistige Substanz dinglicher Erscheinungen und einem ausgeprägten Rechtsempfinden vor.

Ein *zu kleiner* Saturnfinger schränkt die Empfindsamkeit des Menschen für die ihm angetragenen Forderungen des Raumzeitlosen ein. Er zieht sich gleichsam in sein Schneckenhaus zurück, um von höherer Warte aus nicht angesprochen werden zu können. Dadurch verliert er aber auch den Sinn für das, was allgemein als gültig anerkannt wird. Je nachdem, welcher Nachbarfinger dominiert, betrachtet er die Welt von einem zu egoistischen oder zu idealistischen Standpunkt. Jedenfalls legt er wenig Wert darauf, sein geistiges Empfinden durch Taten in dinglicher Weise sichtbar zu machen. Da ihm ein inneres Verständnis für vertretbares und gerechtfertigtes Handeln fehlt, ist er sehr sprunghaft; zudem mangelt es ihm an sittlicher Entschiedenheit. – Ein gut entwickelter Saturnberg kann jedoch die negativen Wirkungen eines zu kurzen Saturnfingers zumindest auf materieller Ebene ausgleichen.

Insgesamt problematischer für den Menschen sind jedoch die Folgen eines zu langen Saturnfingers. Der Druck, dem er sich durch das Empfinden einer letztgültigen Wahrheit ausgesetzt fühlt, wird ihm zur seelischen und körperlichen Last. Er fühlt sich überfordert, dem in ihm anklingenden Auftrag gerecht zu werden. Das Gewicht des Gesollten erdrückt schier sein Gestaltungsvermögen, und er versagt sich dem auf ihn einwirkenden Empfinden. So bleibt die Bedrückung und mit ihr wachsende Schwermut. Erleichterung bringt hier unmittelbar nur ein stärkerer Jupiterberg; ein flacher hingegen würde nur das Gefühl der Kraftlosigkeit verstärken.

Der Eigenheit des Saturnfingers würde es entsprechen, wenn sein Mittelglied dominiert. Es übernimmt dann die entscheidende Mittlerrolle zwischen transzendentem Angerührtsein und materieller Umsetzung des Vernommenen.

Der Apollofinger

Der schöne Finger, so genannt, weil er die Ringe trägt, ist der Apollofinger. Sein Nagelglied hat idealerweise eine spatelförmige Fingerkuppe. Von normaler Länge ist er, wenn er in etwa bis zur Mitte des Nagelgliedes des Saturnfingers reicht, also in etwa gleich lang wie der Jupiterfinger ist.

Durch den Apollofinger erahnt der Mensch, daß er in seiner Begrenzung nicht heil ist. Diese Ahnung ist kein Empfinden, sondern ein intuitives Wahrnehmen des eigenen Seelenbildes. In der Annäherung an dieses vorsichtig ertastete Bild der seelischen Innerlichkeit, erfährt der Mensch die Endlichkeit seiner selbstempfundenen Seelenweite. Gleichzeitig verspürt er, daß seine Seele zur vollkommenen Weiterung der ewigen Ergänzung bedarf. Die seelische Verbindung mit einem anderen Menschen ist ihm sicher eine Weiterung, doch letztlich bleibt es nur eine weitere Begrenzung. Doch solange er begrenzt bleibt, ist der Mensch fragmentarisch, und nur in der Ergänzung mit etwas anderem überwindet er seine eigene Unvollkommenheit. Ist indes jenes Ergänzende gleichfalls Fragment, wird das Bruchstück nur ein wenig größer. In seiner Seelentiefe würde der Mensch dies auch verspüren, und sein Durst nach Heilwerdung bliebe weiter ungestillt. Der Apollofinger ist daher bildhafter Ausdruck für das Verlangen des Menschen, im Raumzeitlosen ewige Ergänzung zu finden. Dieser Weg des Heils ist allein ein Weg der Hingabe, denn das Unbegrenzte läßt sich nicht durch das Begrenzte einfangen. Und da das Begrenzte im Unbegrenzten ruht, erfährt es ewige Weiterung, sobald es seine Umgrenzung löst, sich dem anderen hingibt.

Für den Menschen bedeutet dies, sich des ihn Beseelenden gewahr zu werden, sich von dessen Schwingung erfassen zu lassen. Und in der Empfindsamkeit des Unermeßlichen erfährt er zugleich seine eigene Seelengröße, pulsierend in ewiger Weiterung und weltzugewandter Begrenzung. Denn dies ist ein Merkmal des Apollofingers, daß er trotz der in ihm ausgedrückten Hinwendung an das ihn Tragende seine persönliche Struktur vernimmt. Das vom Du beseelte Ich wird zum Gerüst, an dem das Du, im Raumzeitlichen gerinnend, sich ein gültiges Gegenüber schafft. Daher ist die Hinwendung zum Du ein weiteres Merkmal des Apollofingers. Nur, was in wenigen Menschen in ihrer seelischen Innerlichkeit sich als ein Einssein mit dem Zeitlosen klärt, vollziehen andere auf einer dichteren Ebene nach. Hier muß das Du nicht aus himmlischen Sphären kommend sich in ihnen gewahr werden. Nein, sie gewähren diesem Du auf andere Weise schöpferische Präsenz. Sie sagen selbst Du, freilich nicht in der Absicht, sich dadurch zu begrenzen, sondern über sich hinauszugehen, sich durch das andere als ein gemeinsam Seiendes zu erleben. Dieses andere muß jedoch kein Mensch sein, es kann besser noch eine dingliche, bildhafte Erscheinung sein, die zum passenden, vorübergehenden Hort ihres schöpferischen Tuns wird. Und indem sie sich in der kreierten Gestalt als ein Du erkennen, spricht gleichzeitig das ewige Du durch sie. So schließt sich der Kreis, die Du-Ich-Beziehung auf der dinglichen Ebene wird zur Entsprechung der Ich-Du-Beziehung auf der spirituellen Ebene, der Mensch ergänzt sich und wird zum Ergänzenden. Und hierin gründet eine weitere Bedeutung des Apollofingers, nämlich die schöpferische Kraft des Menschen, seine Eigenheit, Schönes um seiner selbst willen zu schaffen und so indirekt der Schönheit seiner eigenen Schöpfung Ausdruck zu verleihen.

Schließlich versinnbildlicht der Apollofinger auch die Liebesfähigkeit des Menschen, die ja lauterster Ausdruck von Hingabe und Hinwendung an das Du ist. In himmlischer Weise offenbart sich diese Verbindung im

Menschen als Begnadung, während sie in ihrer edelsten Form in irdischer Weise als Bruderliebe verstanden wird. Und da selbstlose Liebe den Menschen öffnet, wird er auch Mitleidender an der Welt. Dies ist indes keine Kulturleistung, kein fragmentarisches, aus moralischer Verantwortlichkeit heraus gewachsenes Mitleid, sondern ein schmerzhaftes Durchwehen, Teilhabe an der Empfindsamkeit des ewig Schöpferischen.

Zur Beurteilung der im Apollofinger wirkenden Kraft wird der Deuter stets einen vergleichenden Blick auf den Jupiterfinger werfen; denn der Spannungsausdruck zwischen der dort verkörperten Ichstruktur und der hier gefaßten Hinwendung zum Du ist ein wesentliches Moment, das den Apollofinger determiniert. Seine Qualität drückt sich in der Beziehung der beiden Fingergrößen zueinander aus.

Sind Apollo- und Jupiterfinger *gleich lang,* so halten sich bereichernde Hingabe an das Transzendente und irdisches Selbstbewußtsein die Waage. Des Menschen Sehnsucht, sich den Himmel zu eigen zu machen, findet in seiner offenen Hinwendung an das ihn Beseelende einen passablen Ausgleich. Der Mensch weiß um die Grenzen seines Egos und hat zugleich eine aus dem Herzen wachsende Zuversicht, daß das Himmlische ihn umwirkt.

Ist der Apollofinger *länger* als der Jupiterfinger, so rückt dem Menschen sein Innenleben näher als sein äußerer Lebensraum. Er hat zwar durchaus einen wachen Sinn für die Realität, doch täuscht er ihn gerne, wann immer es ihm gefällt. Er neigt gewissermaßen dazu, sich in seinen Elfenbeinturm zurückzuziehen. Diese Eigenheit schlägt bei einem sehr langen Apollofinger oft in misanthropische Weltfremdheit um. Schon aus einer Ichferne heraus lebt dieser Mensch sehr in sich gekehrt. Hier findet er zu sich und hält Zwiesprache mit einer facettenreichen Bilderwelt. Die äußere Welt meidet er, nicht nur aus Furcht, darin nicht bestehen zu können, sondern auch aus der Gewißheit heraus, dort nicht verstanden zu werden. Seine mangelnde Selbstzentrierung versucht er dadurch zu kompensieren, daß er sich sehr eng an eine andere Person anzulehnen versucht. Finden sich dabei die richtigen Partner, kann daraus für beide eine sehr bereichernde und glückliche Beziehung werden.

Die transzendente Einwirkung auf einen langen Apollofinger vermittelt dem Menschen leicht ein Lebensgefühl, immer aus einem kleinen Abstand hinter seinem Ich heraus zu handeln. Und tatsächlich ist sein Lebensausdruck ihm nicht gänzlich eigen, vielmehr empfindet er sich einer Führung unterworfen, die er fraglos für sich gelten läßt. So gelingt es ihm, auch dann gegen den Strom zu schwimmen, wenn die Kraft seines Jupiterfingers dafür nicht ausreicht.

Neben dem Vergleich der relativen Größe zum Jupiterfinger ist für den Deuter auch die absolute Größe zum Saturnfinger interessant. Hier wirkt ein zu langer Apollofinger zwar beflügelnd für die Imaginationskraft eines Menschen, andererseits wird dadurch auch sein Wahrnehmungsvermögen für seine Welt empfindlich gestört. Die Projektionen seiner Einbildungen erlangen mehr Gültigkeit als die ihm geläufige Wirklichkeit. Ein solcher Mensch ist und bleibt ein Idealist. Eventuelle Enttäuschungen werden ihn kaum von seinem Ideal abbringen, ist es ihm doch letztlich bedeutsamer davon durchdrungen zu sein, anstatt es in seinem Lebensraum zu bezeugen.

Ein *zu kleiner* Apollofinger gehört zu einer Person, die menschliche Beziehung meist unter dem Aspekt der Kosten-Nutzen-Rechnung betrachtet. Sein Gegenüber wird diesem Menschen nur selten eine Bereicherung, gewöhnlich ist es ihm nur etwas, mit dem er umgehen kann. Und so geht er um in der Welt. Wo andere in

Momenten der Hingabe einen goldenen Faden wahrnehmen, den sie aufnehmen, um Zufriedenheit zu finden, da handelt er aus der Objektivität des Saturnfingers planvoll, sachlich und mit zielgerichtetem Jupiterfinger. Zufriedenheit – ein seelisch innerliches Erleben – kann dabei für ihn kein Ziel sein. Er bleibt auf Anerkennung und Beachtung auf der dinglichen Ebene angewiesen.

Ist der Apollofinger *zu dünn*, fehlt es dem Menschen an Kraft, die in ihm verborgenen kreativen Talente wirkungsvoll umzusetzen. Auch seine Fähigkeit, in Beziehung einzutreten und in Beziehung zu stehen, ist beschränkt. Zwar findet er rascher Kontakt als andere, aber dafür fehlt seinen Beziehungen die Tiefe. Etwas anders stellt sich das Manko bei einem Apollofinger dar, der zwar auf den ersten Blick ausreichend kräftig scheint, der jedoch vom Profil her gesehen nicht über ausreichend Fülle verfügt. Die innere seelische Erlebnisfähigkeit ist dann zu blaß, als daß ein solcher Mensch eine gehaltvolle Ahnung davon verspüren würde, daß er durch seine Hinwendung zum Du auch eine spirituelle Weiterung erfahren könnte. Da sein In-Beziehung-Stehen keine beachtenswerte Schwingung in seiner Seele auslöst, versucht er, durch Verstärkung oberflächlicher Gefühle seiner Hinwendung zum Du Tiefe zu verleihen. Doch so trägt er nur zu einer Trübung seiner ohnehin geschwächten Wahrnehmungsfähigkeit bei. Seine Kontakte sind eher zufällig, da es ihm an einer inneren Haltung zu seiner Beziehungsbereitschaft mangelt. Das kreative Vermögen dieses Menschen bleibt einem allgemeinen Schönheitsempfinden verhaftet und ist modischen Wendungen vorbehaltlos ausgeliefert.

In einem *breiten* und *vollen* Apollofinger haben die hierin fließenden Kräfte ausreichend Raum, um die Seele des Menschen zu beschwingen. Die Eigenschaften des Apollofingers können sich positiv entfalten. Bei einem zugleich hohen Apolloberg werden die künstlerischen Kräfte in besonderem Maße aktiviert. Gut entwikkelte Mond- und Venuskräfte begünstigen zudem die visionäre Kraft des Menschen.

Bei der Beurteilung und Gewichtung der Fingerglieder geht der esoterische Deuter davon aus, daß ein dominierendes Nagelglied dem Ideal entsprechen würde. Der Mensch wäre dann dem Transzendenten so weit zugeneigt, daß er spürbar von ihm angerührt werden kann. Ist das Mittelglied das größere der drei Fingerglieder, so ist es vor allem das gestalterische Vermögen, durch das der Mensch den Eigenheiten dieses Fingers entspricht. Während ein betontes Unterglied das Verlangen nach Heilwerden im Menschen immer wieder erneut anklingen läßt. Da dies auf einer dichteren Ebene geschieht, wird ein solcher Mensch beständig auf der Suche bleiben und sich stets erneut um Anstöße bemühen, die seine Seele in Schwingung versetzen.

Der Merkurfinger

Der kleine Finger wird in der Cheiromantie Merkur zugeordnet. Er sollte in etwa gleich lang wie der Daumen sein und bis zum Beginn des oberen Nagelgliedes des Apollofingers hinaufreichen. Seine Fingerkuppe ist idealerweise konisch geformt.

Der Merkurfinger krönt die Duseite der Hand, die ichfernen Kräfte des Mondberges, des großen Marsberges und des Merkurberges fließen in ihn ein. Andererseits ist der Merkurfinger, da er anders als seine drei Nebenfinger weit von der Hand abgespreizt werden kann, in besonderem Maße dem Transzendenten ausgesetzt. Daher wirken in ihm keine Ichkräfte, die den Menschen drängen, das dort Empfundene zur Verfestigung seines Verständnisses in den eigenen Lebensraum zu übertragen. Somit umfaßt die bildhafte Bedeutung des

Merkurfingers im wesentlichen zwei Prinzipien, und zwar die spirituelle und die rationelle Wesenhaftigkeit des Menschen. Dabei sind Geistigkeit und Verstand zwei unterschiedliche Phänomene ein und derselben Ursächlichkeit, nämlich die im Merkurfinger verkörperte Annäherung des Menschen an seine geistige Natur. Wobei im Unterschied zum Apollofinger diese Annäherung an das Geistige nicht aus einer Ich-Du-Beziehung zum Transzendenten heraus geschieht, sondern ausschließlich eine passive Bereitschaft ist, im Du aufzugehen, Du zu sein. Für viele unverständlich hierbei ist freilich, daß nicht der Schatten eines Ichs, auch in der Bereitschaft zur Hinwendung nicht, mit hineinwirken darf. Ansonsten wird nur die vorbeschriebene Wesenheit des Apollofingers im spirituellen Bereich modifiziert, und zwar im Erlebnis der Hinwendung, jedoch ohne die Möglichkeit, dem Erfahrenen gültigen Ausdruck durch sich selbst zu verschaffen.

Der Merkurfinger ist von besonderer Feinfühligkeit gegenüber allen auf den Menschen einwirkenden Schwingungen. Er ist gleichsam ein Radar, mit dem der Mensch aus Distanz ertastet, was sich ihm nähert. So richten zum Beispiel viele Menschen auf materieller Ebene in unbewußter Weise den Merkurfinger in die Richtung aus der auf sie eingewirkt wird oder die sie ihrem Einfluß zugänglich machen möchten. Im spirituellen Bereich wirkt dieser Austausch freilich wesentlich subtiler. Hier ist es gleichsam eine Modulation der Schwingung, die der Mensch in sich lösender Hingabe ins Transzendente richtet und durch die er Fühlung mit dem ihn Umfassenden, seine Wesenhaftigkeit Tragendem, gewinnt. Es scheint, um bei der Allegorie zu bleiben, die sanfte Veränderung der Rückkoppelung zu sein, die den Anruf des Beseelenden mit sich trägt und in dem der Mensch in stiller Achtsamkeit das Unermeßliche vernimmt. Denn dies ist ein erstes Merkmal der Transzendenz im Merkurfinger, daß der in ihm wirkende Geist seinen Sinn nicht aus dem Sehnen des Menschen erlangt, sondern aus einem Raum, in den der Mensch sich nicht denken und wünschen kann.

Der Mensch als das Begrenzte kann keine Kommunikation mit dem Unbegrenzten aufnehmen. Jedoch kann das Unbegrenzte sich ihm mitteilen. Dazu muß der Mensch jedoch leer sein, gleich einem Gefäß, in das sich das Unermeßliche ergießen kann. Doch anders als ein Gefäß, läßt sich das Unbegrenzte nicht vom Begrenzten festhalten, allerdings hinterläßt es Spuren im Menschen, es zerbricht die Strukturen seiner Begrenzung. Ein Mensch, dem dies widerfahren ist, wird davon Zeugnis ablegen und so zum Mittler zwischen zwei Sphären. Dies weist auf ein weiteres Prinzip des Merkurfingers, nämlich daß er die Fähigkeit des Menschen ausdrückt, sein von seiner Natur gefordertes Selbst zu überwinden, sich einfühlen zu können in ein ihn tragendes Überselbst, nämlich seine Wesenhaftigkeit, und schließlich als solchermaßen sphärische Kraft durchdrungen zu werden von der ewigen Bewußtheit. Solches Einfühlungsvermögen ist zugleich eine Eigenschaft, die die Seele des Menschen erquickt. – Trotzdem bedarf es für dieses Hingabevermögen jene passive Bereitschaft, von Schwingungen ergriffen zu werden und sie in sich anklingen zu lassen, erst mal Mut. Mut deswegen, weil der Mensch sich zunächst aus seiner eigenen Zentrierung lösen muß, damit jener Raum entsteht, in dem sich der göttliche Klang entfalten kann. Erst dann erfährt der Mensch auf sinnlich belebende Weise Wandlung und Gnade. Von da an wäre er ein Geführter, einer, der das Aufgegebene lebt. Dies wäre das höchste Prinzip des Merkurfingers.

Einen Schritt davor liegt indessen die Glaubensfähigkeit als geistige Ausdrucksform jener, die weniger tollkühn waren und sich nicht in das Abenteuer der bedingungslosen Hingabe an das Undenkbare begaben. Der

Mensch vertraut dann auf das in seelischer Innerlichkeit vernommene Gefühl, auf dem rechten Weg zu wandeln. Irrungen sind dabei jedoch nicht ausgeschlossen, weil des öfteren der Wunsch der Vater des Vernommenen sein dürfte. Hierin liegt übrigens eine der gefährlichen Versuchungen des Merkurfingers, die insbesondere dann zutage treten, wenn andere Finger phantastische oder egomanische Eigenschaften verstärken und sich daraufhin jemand die transzendenten Einwirkungen im Merkurfinger auf dinglicher Ebene zu eigen macht. Deshalb muß der esoterische Handleser zur verläßlichen Deutung der spirituellen Kraft des Merkurfingers auch die anderen Finger stets mitberücksichtigen. Da es zur Transzendierung seiner selbst des ganzen Menschen bedarf, nützt ein gut entwickelter Merkurfinger alleine wenig, wenn die anderen Finger den Menschen im Dinglichen verankern. Recht verstanden kann er dann zwar dem Menschen Führung sein, doch mögen manche ihre transpersonalen Fähigkeiten nur dazu nutzen, ihre materielle Kraft um eine weitere Dimension zu bereichern.

Wenn auch der Merkurfinger nur ichferne Kräfte in sich birgt, so symbolisiert er doch auf materieller Ebene durchaus ichstabilisierende Wesensweisen. Freilich können diese von dem Willensausdruck der Ich-Natur nicht verformt werden, denn sie verfügen über eine eigene Dynamik. Diese kann aber sehr wohl von solcher Heftigkeit sein, daß sie dem Willen des Menschen Richtung gibt.

Die Sicht des Wahren ohne egozentrische Vorstellungen im spirituellen Bereich ist eine Eigenheit, die dem Merkurfinger auch auf dinglicher Ebene inne ist. Sie befähigt den Menschen, seinen Lebensraum auf eine gleichsam unbeteiligte Art, als nicht auf sich bezogen, wahrzunehmen. Die Begrifflichkeit der Welt erfährt er so als eine von ihm gelöste. Die Begriffe sind nicht mehr an seine persönlichen Erfahrungen gebunden, sondern wirken als Abstraktionen in ihnen eigenartiger Weise zueinander. Durch die Wahrnehmung der daraus resultierenden Spannungen, Verbindungen und Wirkungen widerfährt ihm die Welt als etwas Über-legtes. Dies begründet das materielle Prinzip des Merkurfingers, nämlich die Befähigung zum abstrakten Denken, zur Vernunft als reine vom Ich gelöste Funktion. So kann der Mensch sich bis ans Ende der Welt denken und sich Dimensionen erschließen und in ihnen wirken, die weit über seine Vierdimensionalität hinausreichen. Ja, sein weitreichender Verstand selbst wird zu einer eigenen Dimension mit eigener Gesetzmäßigkeit. Der Mensch lauscht seinem Verstand, der die Welt ohne Fesseln durchwehen, auf vielfältige Weise deuten und dabei stets neue Perspektiven entdecken kann, nach. Diesen Begegnungen verschafft er Dauer, indem er sie wiederum begrifflich macht, in Worte faßt. So ist ein weiteres Merkmal des Merkurfingers das Wort, als Sinnbild der Kommunikation, durch die das den Menschen Gemeinsame fortgeschrieben wird. Und es ist erneut der Verstand, der das wörtlich Genommene aus seiner konkreten Verbindung löst, es in einen anderem Kontext wieder entdeckt und sich so selbst neue Inhalte verschafft, die wiederum Gegenstand der Kommunikation werden. So ist schließlich der Verstand im Merkurfinger als ein den Menschen gemeinsam Wesentliches zu verstehen und somit als eine materielle Transzendenz.

Je *größer* der Merkurfinger ist, desto selbstverständlicher ist es dem Menschen möglich, mit Abstraktionen umzugehen. Auch seine Fähigkeit, seine Empfindungen, sein Erkennen und Wollen in Worte zu fassen, nimmt mit der Fingerlänge zu. Die Fühligkeit für das Transzendente kann gleichfalls ausgeprägt sein. Sie kann sich aber auch mit der Suche nach dem das Gegensätzliche tragenden Sinn erschöpfen, um so auf dichterer Ebene das Ganze erkennen zu können. Welcher dieser Eigenschaften der jeweilige Mensch mehr Raum gibt, erkennt der Deuter unter anderem auch an der Gewichtung der Fingerglieder. Doch zuvor wägt er die Erscheinung des Merkurfingers mit der Gestalt der anderen Finger. So kann beispielsweise ein großer Merkurfinger einen schwachen Jupiterfinger teilweise ergänzen. Nur nimmt dann der Merkurfinger auch Eigenschaften an, die eigentlich nicht seinem Sinn entsprechen. Der Mensch fordert dann für sich, was ihm letztlich nur geschenkt werden kann. Bei einem schwachen Saturnfinger verliert der Verstand an Schärfe und Tiefe. Ein solcher Mensch drischt gern mit hohlen Worten leeres Stroh. Er äußert sich zwar zu allem und jedem, doch mangelt es dem Gesagten meist an inhaltlicher Substanz. Ist der Apollofinger auffallend schwach, treten die materiellen Merkmale des Merkurfingers mehr als sonst hervor. Jemand mit dieser Eigenheit entwickelt gewöhnlich ein beachtliches Talent, seinen Säckel zu mehren. Dabei geht er mit großer Schläue vor und erfindet immer neue Handelswege.

Wird der Merkurfinger *zu lang,* wandelt sich die zunächst positive Eigenschaftsentwicklung in ihrer Übertreibung ins Gegenteil. Der Mensch wird leicht unwahrhaftig, da er zwischen der in ihm drängenden spirituellen Kraft und seinen eigenen Triebkräften nicht mehr differenziert. Auf materieller Ebene bemüht er sich um Detailkenntnisse und entwickelt aufgrund seines spezifischen Wissens sehr weitreichende Gedankenstränge; jedoch allzu häufig halten sie einer Prüfung nicht stand, da er sie berauscht von seiner eigenen Rede meist ohne vergewissernde Zwiesprache ausformulierte.

Auch bei einem zu *kurzen* Merkurfinger überwiegen dessen materielle Tendenzen. Die im Finger versammelte Kraft reicht nicht aus, daß sich das Transzendente dem Menschen in eindringlicher Weise mitteilt. Ein solcher Mensch strahlt eine gewisse Kälte aus, was wohl auch daran liegen mag, daß sein Verstand sich nüchtern an sachlichen Aspekten orientiert. Zudem ist dieser Mensch von einer ungewöhnlichen Offenheit, wodurch er sich in gewissen Kreisen nicht sonderlich beliebt macht. Mangelt es dem kurzen Finger an Fülle und verfügt der Mensch zugleich über ein ausgeprägtes Nagelglied, so zeigt diese Person wenig Eigenständigkeit und läßt sich allzugerne von fremden Vorstellungen dominieren. Dies macht auf seine Weise deutlich, daß die im höchsten Sinn des Merkurfingers geforderte Auflösung der Selbstmächtigkeit des Menschen neben einem gut entwickelten Merkurfinger auch eine Präsenz verkörpernde Ich-Seite verlangt. Denn die Hingabe an das Transzendente muß der Mensch aus seiner inneren Freiheit heraus vollziehen. Hierzu bedarf es einer gewissen Persönlichkeitsstärke. Ich-Schwäche und vitale Müdigkeit sind zudem nicht gleichzusetzen mit bewußter Hingabe an das Namenlose, und zum anderen ist der egozentrische Kern schwacher Persönlichkeiten zwar verborgen und klein, aber auch sehr, sehr hart.

Im allgemeinen ist der Merkurfinger entsprechend seinem spirituellen Prinzip etwas dünner als die anderen Finger. Ein zu *massiger* Merkurfinger hat dagegen zu viel irdische Kraft in sich. Ein Mensch mit einem solchen Finger wird stets versucht sein, die dort verkörperten Kräfte in sinnlicher Weise auszuleben und seine Ich-Struktur damit zu festigen.

Bei der Beurteilung der Fingerglieder verkörpert ein dominantes Nagelglied wieder, daß der Finger zum Transzendenten hin gewichtet ist. Beim Merkurfinger bedeutet dies, daß der Mensch in der Tiefe seiner Seele ein Fenster zum Unermeßlichen hat, wodurch er angerührt werden kann. Ist das mittlere Fingerglied betont, so sind Sprachbegabung und Verstandeskraft die Prinzipien, die dem Menschen primär aus dem Merkurfinger zufließen. Es ist ihm scheinbar aufgegeben, auf dieser

Ebene mit dem Unermeßlichen zu kommunizieren. Ist das untere Fingerglied das größte des Merkurfingers wird der Mensch dazu neigen, die Erkenntnisse des Verstandes praktisch umzusetzen. Hier wirkt die Kraft dann intuitiv. Der Mensch gewinnt ein sicheres Gefühl für das Mögliche. Was häufig als glückliche Hand für alles Geschäftliche zur Geltung kommt.

Letztlich sei noch bemerkt, daß Menschen, die ihren Merkurfinger weit abspreizen können (30 Grad und mehr) eine besondere Vertrautheit in ihrem Gegenüber erwecken, weil sie ihnen mit mehr Verständnis als gewöhnlich üblich entgegenkommen. Dies mag daran liegen, daß jene Menschen ein außergewöhnliches Empfinden für das alle Menschen Verbindende haben, und sich so problemlos im anderen wiederfinden können.

Weitere beachtenswerte Fingerzeichen

Neben der Ausformung der Finger beachtet der Deuter bei der Beurteilung der Fingergestalt noch weitere Zeichen, die ihm vor allem Hinweise darauf liefern, in welchem Maße der Finger durchlässig für die durch ihn strömenden Energien ist.

Auffälligstes Merkmal sind bei Betrachtung der Innenhand gewiß die Einschnürungen der Fingerglieder. Sie trennen die Fingerglieder voneinander und halten so die verschiedenen Sphären spiritueller Entwicklung und Ausdrucksweisen auseinander. Weniger starke Einschnürungen begünstigen den Austausch der Kräfte zwischen den Fingergliedern, während starke Einschnürungen oft wie Blockaden wirken und die Übergänge von einem zum anderen geistigen Seinszustand erschweren. Gekettete Einschnürungen, die insbesondere am Fingeransatz zu finden sind, nehmen der aus dem zugehörigen Fingerberg aufsteigenden Kraft den

Schwung. Der Mensch erlebt im Ausdruck eines solchen Fingers eine spürbare Distanz zum Materiellen. Der Finger scheint dem Transzendenten zugewandt zu sein. Wenn jedoch die Gewichtung der Fingerglieder diesem Bild widerspricht, fehlt dieser Hinwendung die Leichtigkeit; statt dessen tritt an ihre Stelle ein verkrampftes Sehnen nach himmlischen Dimensionen.

Feinere Zeichen sind die Linien auf den Fingergliedern. Längslinien begünstigen den Energiefluß und führen dem Finger weitere Kraft zu. Sie stabilisieren zudem vornehmlich die Anlagen des jeweiligen Fingergliedes. Querlinien hingegen wirken bremsend und schwächen die Fingerkraft. Dabei verursachen sie keine anhaltende Minderung der Energie, sondern wirken mehr oder weniger zyklisch. – Mit der Häufigkeit der Quer- und Längslinien verstärken sich auch deren Eigenschaften.

Ein weiteres Merkmal, das sich unmittelbar auf den Energiefluß eines Fingers auswirkt, ist die Taillierung des unteren Fingergliedes. Hier wird der Durchfluß der Energie aus dem Fingerberg anhaltend gestaut. Dies führt insgesamt zu einer Schwächung des dinglichen und vitalen Ausdrucks des Fingers, während die geistigen Fingermerkmale überproportional zur Geltung gelangen. Solche Menschen erfahren und äußern den Fingersinn in extrem widersprüchlicher Weise. So gehen beispielsweise in einem solchen Fall beim Jupiterfinger Geltungssucht und Minderwertigkeitsgefühl Hand in Hand.

Ein Merkmal, das im wesentlichen den Fingersinn beeinflußt, ist die Neigung des Nagelgliedes nach links oder rechts aus der Fingerachse. Dabei übernimmt der Finger, der sich einem anderen zuneigt zu einem Teil dessen Tendenz. Merkur- und Jupiterfinger können sich auch nach außen neigen, wodurch sich ihr ursprünglicher Sinn in gewisser Weise verstärkt. Beim Jupiterfinger stärkt dies die egoistischen Eigenschaften, während beim Merkurfinger sich die Empfindlichkeit für die Transzendenz erhöht.

Eine zusätzliche Möglichkeit, Anspruch und Motiv der Hinwendung des Menschen an das Transzendente zu klären, ist für den esoterischen Deuter die Fingerbeweglichkeit. Dabei erkennt er, welche Finger mit welchen in einer engeren Beziehung stehen. Dazu läßt er den Probanden die Finger bei flach auf den Tisch gelegter Hand einzeln nach hinten ruckartig anheben. Aus der Beobachtung der Bewegung der anderen Finger kann er dann ableiten, in welchem Maße eine Verbindung zwischen den einzelnen Fingern besteht. Hierbei kann er auch feststellen, welcher Finger in der Wechselbeziehung die aktiven Impulse gibt und welcher eher passiv stützend wirkt. Zwingt zum Beispiel ein nach oben gehobener Jupiterfinger den Saturnfinger sich deutlich gegen die Tischplatte zu stützen, während bei der umgekehrten Bewegung der Jupiterfinger kaum eine Regung zeigt, so sagt dies dem Deuter, daß der Mensch bei der Verfolgung seiner Jupiterkräfte auf die stützende Struktur des Saturnfingers zählen kann.

Die Knöchel

Bei den Knöcheln unterscheidet der esoterische Handleser zwischen den Fingerknoten und Fingerwurzeln. Letztere sind die im Handrumpf wurzelnden Knöchel, während als Fingerknoten die Knöchel zwischen den Fingergliedern bezeichnet werden. Sie sollten nicht mit krankhaften Verknöcherungen der Fingergelenke verwechselt werden, die zwar sicher auch das Wesen eines Menschen beeinflussen, aber gewiß nicht Ausdruck des Wesenhaften sind.

Während die Fingerknoten ein Verweis darauf sind, wie der Mensch die Fingerkräfte strukturiert, zieht der

Deuter die Fingerwurzeln als ein weiteres Indiz für die Gewichtung des geistigen und materiellen Potentials eines Menschen heran. Die Fingerwurzeln symbolisieren das seelisch Unbewußte. Sie stellen damit eine Kraft dar, die auf subtile Art dem Menschen in der einen oder anderen Richtung Halt und zusätzliches Gewicht verleihen. Sind die Fingerwurzeln sehr tief im Handrumpf verankert, so bedeutet dies, daß der Mensch in der Tiefe seiner Seele mit seiner Natur verbunden ist. Sein körperliches Wohlbefinden ist auf feine Art mit seiner seelischen Empfindlichkeit verbunden, und sein geistiges Erleben ist auch meist mit einer sinnlichen Erfahrung verknüpft.

Hochliegende Fingerwurzeln hingegen deuten darauf hin, daß die Übergänge zwischen Psyche und Geist als fließende erlebt werden. Durch seine seelische Kraft regt der Mensch seinen Geist in bildhafter Weise an, während dieser seiner Seele belebende Impulse vermittelt. Ein solcher Mensch wähnt sich in seinem inneren Erleben mit einem Bein bereits in einer anderen Dimension verwurzelt.

Anders wirken die Fingerknoten. Sie sind gleichsam Sammelbecken für die durch die Fingerglieder rinnenden Kräfte. In ihnen werden die Energien gesichtet und gemessen, um dann in dosierter und kanalisierter Form weiterfließen zu können. Dadurch wird den Kräften ihre Direktheit genommen. Sie fließen nicht mehr aufnehmend und mitreißend in den Menschen ein, sondern der Mensch erhebt sich selbst kraft seines Geistes zu einem ordnenden Faktor, läßt sich nicht mehr so ohne weiteres anleiten. Ganz gleich aus welcher Richtung die Kraft in den Fingerknoten fließt, der Mensch fühlt sich für ihr weiteres Wirken selbst verantwortlich.

Knoten am oberen Fingergelenk, zumal am Jupiterfinger, werden Philosophenknoten genannt. Die Anstöße aus dem Transzendenten werden hier zu einer dem

Menschen verständlichen Schwingung umgeformt, so daß der präsente Verstand ihnen eine gültige, handbare Form verleihen kann. Der Mensch wird dann vom Transzendenten nicht mehr ergriffen, sondern macht sich zu dessen Mittler für sich selbst und andere, indem er es begrifflich verdichtet.

Den Knoten der unteren Fingergelenke nennt man Ordnungsknoten. In ihm werden die nach außen strebenden Kräfte des Selbst angehalten und erst nach Prüfung ihrer Effizienz weiter auf den Weg zum Transzendenten geschickt. Umgekehrt werden Einflüsse aus ichfernen Bereichen sortiert und dem eigenen Erfahrungsschatz passend zugefügt. Der Mensch versucht, in seinem Rahmen zu bleiben, und ist gewiß kein Freund spontaner Entschlüsse.

Eine Person mit beiden Fingerknoten ist außerordentlich bedächtig und überlegt in ihren Handlungen und Äußerungen; aber auch ihre Empfindsamkeit und ihr Einfühlungsvermögen sind nicht eben sehr ausgeprägt, sie wirken eher schablonenhaft. Im Gegensatz dazu steht eine Person mit knotenlosen, schlanken Fingern. Hier fließen die Energien frei und ungehemmt. Sie werden nicht mehr bedächtig gewogen und gelenkt. Dieser Mensch ist sehr direkt und von geistiger Frische. Sehen und Handeln werden bei ihm leicht eins. In Augenblicken der Stille kann er vom Namenlosen umspielt und ergriffen werden.

Die sphärische Hand und der Fluß der Energien

Der esoterische Handleser betrachtet die Hand des Menschen als ein Phänomen seiner Wesenhaftigkeit. Daher sieht er die Gestalt der Hand als den verdichteten Ausdruck einer geistigen Hand, welche die grobstoffliche Hand des Menschen umschließt. Die feste und die sie umhüllende feinstoffliche Hand sind demnach lediglich zwei unterschiedliche Erscheinungen des gleichen Prinzips, nämlich der geistigen Hand als Ausdruck des Wesenhaften. Zur klareren Unterscheidung spricht daher der esoterische Deuter von der sphärischen Hand, wenn er die feinstoffliche Hand meint.

Im wesentlichen sind es zwei Komplexe, die für den Deuter dabei beachtlich sind. Dies sind zum einen die sphärische Hand als Ausdruck der geistigen Harmonie eines Menschen und zum anderen der Energiefluß als Ausdruck der psychischen Befindlichkeit.

Die Aura der Hand

Einige Menschen sind imstande, die Aura ihrer Mitmenschen wahrzunehmen. Vielen gelingt dies auch, sobald sie sich bewußt darauf konzentrieren. Um die Aura der Finger besser erkennen zu können, sollte der Proband seine Hand auf einen milchigweißen Untergrund legen. Wer bei der Beobachtung der Aura seinen Augen nicht traut, kann diese auch mit dem siderischen Pendel ergründen. Hierzu kann er die obenstehende Zeichnung (Abb. 21) gleich als Pendelkarte benützen. Die Fragen an

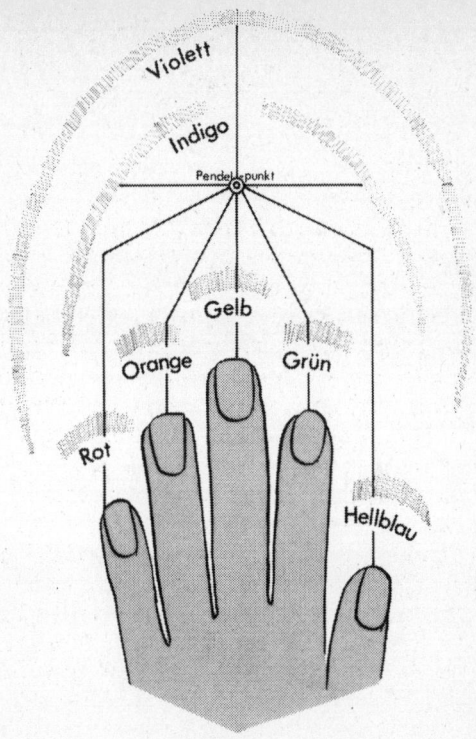

Abb. 21

das Pendel wären einmal: *Wie weit reicht die jeweilige Aura?* Und ein weiteres Mal: *Ist die Fingeraura rein, und wenn nicht, welche Farbe fließt mit ein?*

Die Aurafarbe der Finger und der Gesamthand entsprechen den Farben der sieben Körper-Chakren. Dabei fällt auf, daß der geistige Ausdruck der den Fingern zugeordneten Farben der Chakren konträr der cheirosophischen Bedeutung des jeweiligen Fingers (mit Ausnahme des Saturnfingers) ist. Der Sinn dieses Widerspruchs wird nachstehend erläutert, doch zuvor seien die Aurafarben in Verbindung mit den Chakren kurz dargestellt.

– Die Aura des *Merkurfingers* leuchtet rot. Es ist die Farbe des Muladhara-Chakras, des Wurzelzentrums. Sein Element ist die Erde. Es ist der Sitz der vitalen, lebensschöpfenden Energie. Hieraus zieht der Mensch seine Lebenskraft, um sich in der Welt zu behaupten.
– Der *Apollofinger* strahlt in Orange. Dies ist die Farbe des Svadhistana-Chakras, des Sakralzentrums. Sein Element ist das Wasser. Es steht für den sich selbstbewußten Menschen, der in seinem Sinne regelnd in seinen Lebenslauf eingreift.
– Gelb ist die Aurafarbe des *Saturnfingers*. Ihr entspricht das Manipura-Chakra, das Solarplexuszentrum. Sein Element ist das Feuer. Es symbolisiert den gestaltenden Menschen, der geistige Impulse aufnimmt, um sie materiell sichtbar zu machen. Sein Wirken steht dabei in engem Zusammenhang mit seiner seelischen und gefühlsmäßigen Empfindsamkeit.
– Der *Jupiterfinger* ist von einer grünen Aura umgeben. Diese Farbe ist dem Anahata-Chakra, dem Herzzentrum, zugeordnet. Sein Element ist die Luft. Es steht für die Zuwendung des Menschen zu seinen Mitmenschen und seines Wahrnehmungsvermögens für das ihn Umfassende. Es befähigt ihn zu Liebe und Mitleid.
– Die Aura des *Daumens* leuchtet hellblau. In dieser Farbe strahlt auch das Vishudda-Chakra, das Kehlkopfzentrum. Sein Element ist der Äther. In diesem Chakra durchwirken die geistigen Kräfte die seelischen und finden ihrerseits ihre vitale Verankerung. Es ist auch das Chakra der sprachlichen und intellektuellen Befähigung.
– Indigoblau strahlt der *Kranz*, der etwa handbreit vor den Fingern liegt. Diese Farbe spielt sich wider im

Ajna-Chakra, dem Stirnzentrum. Es ist das Tor geistiger Erkenntnis nach innen wie nach außen. Von hier aus erhalten die tiefer liegenden Chakren ihre Impulse.
– Violett ist die Farbe des äußersten *Auraringes*. Er liegt gut eine Handlänge außerhalb des indigoblauen Kranzes. In Farbe und Bedeutung entspricht dieser Ring dem Sahasrara-Chakra, dem Scheitelzentrum. Hier fließt der Mensch über ins Unermeßliche. Hier widerfährt ihm die Lösung seiner Begrenztheit.

Daß die Farbverteilung der Fingeraura notwendigerweise dem cheirosophischen Fingersinn polar entgegengesetzt ist, erklärt sich aus dem Zusammenwirken der dinglichen und der sphärischen Hand. Die feste, grobstoffliche Hand ist ihrem Sinn nach eine aus materieller Dichte zum Raumzeitlosen hingespannte Manifestation des Wesenhaften. Der Mensch richtet seine Finger dem Göttlichen entgegen, um von dort himmlische Impulse zu erhalten. Es ist ein Zeichen seiner Bereitschaft, vom Namenlosen angesprochen, angerührt zu werden. Dieses Hingewendetsein zum Transzendenten und der von dort gegebene Impuls werden offenbar durch die Fingergestalt, die in materieller Bewährung ihrem Sinn gerecht wird. Andererseits ist der Mensch keine energetische Einbahnstraße, sondern das ihn beseelende Wesenhafte steht in beständiger Kommunikation mit dem es Tragenden. So wie die Chakren nicht nur Energie aufnehmende Zentren sind, sondern auch Energie abstrahlen, so kommuniziert der Mensch auch über die Hand, und hier speziell über die Finger, auf einer spirituellen Ebene. Die Fingeraura ist dabei sein Signal. Und es ist der polare Gegensatz der Kräfte, die dabei dem wirkenden Menschen Halt geben. Denn anders als die Chakren, die einen Seinszustand des Menschen anschwingen lassen, und daher den Gegensatz des Polaren in sich nicht bedürfen, sind die Hände des Menschen Instrumente seiner

Wahrnehmung, Handlung und seines spirituellen Ausdrucks. Der Mensch nimmt über die Finger Geistiges auf, setzt es handelnd mit seiner ganzen Hand um, erfährt dadurch Entwicklung, die wiederum sein Fingersignal nach außen färbt. – Lauschen, Wandlung und Äußern, dieser Fluß der Energie ist bedingt durch die Gegenpolung letztlich untrennbar verbunden mit der ewigen Schwingung. Und es zeigt sich in unreinen Aurafarben, wenn dieser Fluß gestört ist, die Kraft nicht mehr adäquat zurückfließen kann.

Die polare Gegensätzlichkeit von Fingersinn und Aurafarbe entspricht gleichfalls dem cheirosophischen Menschenbild, daß der Mensch kein geistiges Heil erlangen kann, wenn er nicht zugleich irdisch verwurzelt ist. Denn zur Kommunikation mit dem Transzendenten bedarf es des gesamten Menschen, der das in ihm wesenhaft Angelegte in materieller Dichte verfolgt. Und so ergänzt das dem Du zugewandte sphärische Grün des Jupiterfingers, dessen dinglich ausgedrückten Fingersinn, nämlich die Manifestation der selbstbewußten Egokraft.

Andererseits ist dem aus materieller Dichte zum himmlischen Du hingespannten Apollofinger durch die sphärische Hand das ichhafte Orange als stabilisierender Pol entgegengesetzt. In gleichem Maße ergänzen sich in konträrer Weise Fingersinn und Aurafarbe von Daumen und Merkurfinger. Lediglich beim Saturnfinger treffen gleichwertige Pole aufeinander und versuchen, sich gegenseitig zu verdrängen. Dies wiederum erklärt auf eine übergeordnete Weise den Fingersinn des Saturnfingers, der im wesentlichen sich durch seine Schwere und innere Notwendigkeit ausdrückt. Nur wenn die gleichpoligen Kräfte des Fingersinns und der Aurafarbe ausgeglichen gewichtet sind, fügt sich der Austausch zwischen dem Objektiven und Subjektiven zu der durch das Wesenhafte aufgegebenen Form. Ansonsten wird der Mensch durch die vernommene, aber unerfüllte Aufgabe niedergedrückt, oder er läuft in Allmachtswahn über, was eine auffällige Ausdehnung der Fingeraura zur Folge hätte; denn dann verliert der Saturnfinger auch den Kontakt zu dem ihn eigentlich prägenden Objektiven. Dies sind in sinnfälliger Weise die beiden, keinem der Finger zugeordneten Farben Indigo und Violett, zu denen er ansonsten die größte Nähe hat. Daß die beiden Farben der äußeren Aura keine direkte Verbindung zu den Fingern oder zur Hand haben, zeigt gleichfalls wie von einer höheren Warte, daß letztlich nur ein ganzer Mensch, der seine ganze Hand lebt, auch ein heiler Mensch werden kann.

Übrigens ist die sphärische Ausrichtung der Hand in verschiedenen Kulturen seit alters her bekannt. Ihren besonderen Niederschlag fanden sie im tantrischen Buddhismus. Hier wurde beispielsweise den Fingern die den Aurafarben beigeordneten Elemente ihrer Entsprechung gemäß zugewiesen. Was wiederum für die rituellen Fingerzeichen, die Mudras, von grundlegender Bedeutung war.

Doch stellt sich nunmehr die Frage, von welcher Bedeutung ist das Wissen um die sphärische Hand für den esoterischen Handleser. Er kann in Kenntnis der Strahlungsintensität und der Reinheit der Farbe Rückschlüsse auf die innere Harmonie eines Menschen ziehen. Dort, wo Mischfarben auftreten beziehungsweise die Aura nur mäßig entwickelt ist, wird der Mensch dem Fingersinn nicht in der ihm aufgegebenen Weise gerecht. Wobei davon ausgegangen werden kann, daß die Intensität der Beifarbe die Tendenz aufzeigt, mit der der Mensch gegen das ihm Aufgegebene lebt. Nach den dafür ursächlichen Handzeichen zu forschen, ist dann die weitere Aufgabe des Deuters.

Der Fluß der Energien

Die Hand ist nicht nur Sinnbild des Menschen, sondern auch ein Speicher verschiedener, den Menschen belebender und formender Kräfte. Gleichzeitig geht der Mensch gestaltend mit ihnen um. So besteht immer eine gewisse Spannung zwischen dem Gesollten und dem vom Menschen Gewollten. Diese Spannung wirkt sich positiv wie negativ auf den Energiefluß aus. Im für den Menschen positiven Sinne handelt es sich dabei meist um Grenzerfahrungen, die ihm einen unverstellten Blick auf sich selbst erlauben. Ursächlich hierfür ist im allgemeinen eine tendenzielle Verstärkung von Energieströmen, die jedoch den Gesamtenergiefluß der Hand nicht blockieren. Im negativen Sinn tritt nämlich dies meist auf. Der Mensch regt nur gewisse, ihm dienlich erscheinende Energien verstärkt an. Geschieht dies über einen zu langen Zeitraum, versiegen andere Energiequellen beziehungsweise werden blockiert. Im Extremfall kann dies zu energetisch restlos entleerten Fingern führen. Sie zeigen sich zwar in ihrer wesenhaften Ausprägung, sind jedoch kraftlos und bar jeglicher Ausstrahlung.

Diesen Verspannungen kann jeder einigermaßen sensible Mensch nachspüren und sich selbst Anstöße geben, damit sich etwaige Blockaden lösen können. Auf diese Möglichkeiten, den Energiefluß der dinglichen Hand zu regulieren, wird nachstehend ausführlicher eingegangen. Des weiteren gibt es spezielle autosuggestive Übungen mit der sphärischen Hand, die jedoch in ihrer Anwendung und Wirkung weit über das Thema dieser Arbeit hinausführen. Aus diesem Grunde bleiben sie hier, mit Ausnahme einer einzigen Übung, unerwähnt.

Blockaden entstehen in der grobstofflichen Hand, indem in gewissen Handbereichen versammelte Energien nicht mehr oder nur verzögert abfließen können. Dadurch wird die Kraft des einen oder anderen Fingers geschwächt oder übermäßig angeregt. Manchmal mag es auch gewollt sein, daß die Kraft eines Fingers zur Bewältigung einer Aufgabe vorübergehend gestärkt wird. Die mit dem Fingersinn verbundene Energie ist im Gegensatz zur sphärischen Hand auch eine physisch wahrnehmbare Kraft. Sie ist im Grunde genommen die aus den unteren Bergen aufsteigende, transformierte Vitalkraft.

Die Übung besteht darin, daß der Daumen als Transformator des Fingersinns in der dinglichen Welt mit dem entsprechenden Finger verbunden wird. Dazu werden die Fingerkuppen aneinandergehalten. Der erste Schritt ist nun, daß man erfühlt, wie die Energie durch diesen Daumen-Fingerring fließt. Vier Zustände sind möglich, wobei das Tempo des Energieflusses eine zusätzliche Qualität liefert:

1. Die Energie fließt vom Daumen in den Finger.
2. Die Energie pulsiert, das heißt, es wird keine Ausrichtung der Energie wahrgenommen.
3. Die Energie fließt vom Finger in den Daumen.
4. Es wird weder ein merklicher Energiefluß noch ein Pulsieren festgestellt.

Diese vier beobachtbaren Befindlichkeiten erklären sich folgendermaßen:

1. Der an den Daumen angehaltene Finger ist impulsschwach. Die seinem Fingersinn entsprechende Kraft dringt nicht nach außen und trägt so nur wenig zur Gestaltung des Lebensraumes bei. Jedoch nimmt der Finger seinem Sinn entsprechende Phänomene auf. Allerdings vermindert sich seine Rezeptionsfähigkeit mit steigender Durchflußgeschwindigkeit.
2. Finger und Daumenkraft sind ausgeglichen. Es ist ein Zustand aktiver Aufmerksamkeit. Der Fingersinn

wirkt, sich wohltemperiert darstellend, nach innen und außen. Wobei hier zwar von einer normalen Präsenz gesprochen werden kann, aber nicht von einer Normalität. Denn der Energiefluß wechselt von Mal zu Mal im allgemeinen je nach Aktivität zwischen aufnehmender und abgebender Richtungspolung.
3. Vom an den Daumen gehaltenen Finger geht ein Wirkungsimpuls aus. Der Fingersinn wirkt als behauptend gestaltende Kraft im Lebensraum des Menschen. Mit steigender Durchflußgeschwindigkeit wirkt diese Kraft jedoch destruktiv. Sie kann sich dann nicht mehr wirkend entfalten, sondern ihr Sinn beschränkt sich im wesentlichen auf dominante Präsenz.
4. Der angehaltene Finger ist weder aufnehmend noch abgebend aktiv. Dies bedeutet entweder erhebliche Erschöpfung oder völlige Blockade der üblicherweise durch den Finger wirkenden Kraft.

Will man nun den Energiefluß, aus welchen Gründen auch immer, in eine andere Richtung lenken, so wendet man bei den ersten drei Zuständen nachfolgende Methode an:
– Man konzentriert sich auf den verspürten Energiefluß, fühlt sich in ihn hinein und läßt sich von der Schwingung erfassen.
– Sobald man innerlich mit der Kraft mitschwingt, bremst man behutsam den Energiefluß durch die eigene Imaginationskraft.
– Sobald der Ausgleich der Energie hergestellt ist, läßt man die Kräfte seinem Herzschlag gemäß pulsieren.
– Nach einer kurzen Weile gibt man nun vor seinem geistigen Auge den Impuls für die gewünschte Richtung.
– Der Energiefluß wird darauf in diese Richtung schwingen.
– Man hält den Daumen-Fingerring nun so lange geschlossen, bis man spürt, daß die Energie in der ge-

wünschten Intensität und Richtung aus ihrer Eigendynamik herausschwingt. Dann löst man die Finger.

Beim Zustand der restlosen Erschöpfung beziehungsweise absoluten Blockade kann man die eben beschriebene Methode nicht anwenden. Hier muß der Fingersinn erst über einige Zeit wieder belebt werden. Dazu sendet man durch den Daumen-Fingerring vom Daumen aus Impulse im Herzschlagrhythmus. Diese Übung sollte nicht länger als eine Minute dauern, und darf höchstens stündlich wiederholt werden. Erst wenn man nach einiger Zeit einen merklichen Energiefluß registriert, kann man einen Kräfteausgleich herbeiführen. Eine Änderung der Energierichtung sollte jedoch noch über einen guten Zeitraum unterbleiben. Überhaupt sollte man diese Übungen nicht nach Belieben einsetzen, sondern sehr bedachtsam damit umgehen. Denn mit der Umpolung kehrt sich der Anlaß für die vermeintlich falsche Energierichtung nicht selbsttätig in sein Gegenteil. Die Ursachen für den gehabten Energiefluß müssen sorgfältig erkundet und aufgedeckt werden, was entweder einen erfahrenen Handleser oder großes Verständnis in die Struktur der eigenen Hand voraussetzt. Andernfalls ist es durchaus möglich, daß die Manipulation an der Richtungspolung der Energie dem Menschen letztlich zum Schaden gereichen kann.

In den meisten Fällen der Beeinflussung des Fingersinnes dürfte es sich um eine punktuelle Verstärkung von Eigenschaften handeln. Hierzu gibt es auch eine Übung, bei der man nicht in den gegebenen Schwingungsaufbau eingreifen muß und daher mögliche damit verbundene schädliche Begleiterscheinungen vermeidet. Statt dessen stimuliert man auf indirektem Weg mit der sphärischen Hand die psychische Konstitution.

Den sphärischen Finger (Fingeraura), dessen Eigenschaften man in sich potenzieren möchte, hält man sich dabei vor das dritte Auge. Es empfiehlt sich, dazu die

Finger der linken Hand zu verwenden, da deren Aura im allgemeinen reiner ist. Der Abstand des Fingers von dem Punkt über der Nasenwurzel sollte gerade so weit sein, daß er noch einen deutlich bemerkbaren Reiz auslöst. Nun bewegt man den Finger im Herzschlagrhythmus ein Weilchen auf und ab, so lange, bis man den Eindruck gewinnt, daß die Schwingung vom dritten Auge aufgenommen wurde und dort spürbar weiter pulsiert, sobald man den Finger fortgenommen hat.

Die Versuchung freilich ist groß, daß man diese Übung vor allem mit dem Daumen ausführt, um spirituelle Erfahrungen zu provozieren. Hierzu sei bemerkt, daß solche Erfahrungen ohne entsprechende geistige Reife alsbald zur billigen Sensation verkommen und daß der sphärische Daumen schließlich noch nicht die höchste Aurafarbe verkörpert.

Die Handlinien, oder der widerstrebende Mensch

»Er versiegelt die Hand aller Menschen...« – Dieses Siegel wurde bislang durch die Erklärung der Handgestalt einer Deutung zugeführt. Die Handgestalt samt ihrer Ausformung erfährt kaum Wandlung, und wenn, so verläuft sie über einen beachtlichen Zeitraum. So können sich Berge erheben oder wieder abgetragen werden, ebenso wie die Finger verknöchern oder an ätherischer Sensibilität gewinnen mögen. Durch die Handgestalt wird dabei das dem Menschen Wesenhafte offenbar und das ihm Aufgegebene in seinen Grundzügen erkennbar.

Anders die Handlinien. Sie sind zwar zum Teil, wie beispielsweise das Linien-M, auch Ausdruck des Wesenhaften, doch überwiegend zeigt sich in ihnen die persönliche Ausprägung des Menschen, wie er das Gesollte zu dem von ihm Gewollten verformt. Die Handlinien sind daher jene Zeichen, die am ehesten und raschesten Veränderungen unterworfen sind. Einige wachsen mit dem Menschen mit, andere verblassen mit der Zeit und wieder andere verändern ihren Lauf. Doch auch dies vollzieht sich alles in allem gemächlich. Der Mensch, noch eingebunden in das Gesetz von Ursache und Wirkung, erfährt nur allmählich Wandlung. Und dieses Reifen im Raumzeitlichen findet auch in den Handlinien seine Entsprechung. Von daher sind sie auch Ausdruck des Schicksalhaften, des scheinbar Vorgegebenen. Dieses Empfinden des Vorgegebenen unterscheidet sich jedoch deutlich vom Sinn des Aufgegebenen, des Gesollten.

Das Vorgegebene erfährt der Mensch oft als das, was

ihn hindert, seiner zutiefst empfundenen Bestimmung gerecht zu werden. Es erscheint ihm als das unerbittliche Rad des Schicksals, dem er letztlich nicht entweichen kann. Er definiert es als das ihn belastende Karma, das ihn von seinem göttlichen Weg abhält. Und hier ist auch der Scheidepunkt zwischen dem esoterischen Handleser und dem mantischen Deuter. Denn dem esoterischen Handleser liegt nichts daran, dem Menschen sein gegenwärtiges Schicksal aus den Linien der Hand fortzubeschreiben, sondern er hat ein anderes Anliegen; nämlich seinem Gegenüber eine Botschaft zu vermitteln, ihm das göttliche Siegel in dessen Hand zu offenbaren, damit der Mensch aus dem Kreislauf von Ursache und Wirkung heraustreten und das ihm Aufgegebene leben kann.

Daher sind in diesem Kapitel die Handlinien nur so weit beschrieben, als sie dem Menschen Wesenhaftes ausdrücken beziehungsweise Rückschlüsse auf seine spirituelle Entwicklung zulassen. Die Handlinien auch in ihrer mantischen und cheirologischen Bedeutung zu erklären, würde ansonsten dem Sinn dieses Werkes zuwiderlaufen.

Zeichen der Handberge

Die Erläuterung der Zeichnungen auf den Handbergen wird der Beschreibung der Handlinien deswegen vorangestellt, weil sie wesentliche Merkmale für die Qualität der in den Bergen pulsierenden und durch die Handlinien abfließenden Energien sind. Diese Zeichnungen können mal vorhandene Kräfte stärken oder Schwächen überwinden helfen, sie können aber auch lähmend und den Energiesinn verkehrend wirken. Zudem können sie teilweise recht kurzlebig sein, zum Beispiel über Nacht auftreten und bereits nach einigen Tagen wieder verblassen.

Abb. 22

Abb. 23

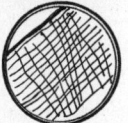

Abb. 24

Abb. 25

Abb. 26

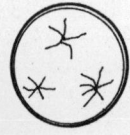

Abb. 27

Kleine **Halbkreise** (Abb. 22) wirken sich vor allem dann günstig aus, wenn sie nach oben geöffnet sind. Sie regen die im Berg verborgene Kraft an, aufzusteigen.

Vierecke (Abb. 23), egal ob quadratisch oder rechteckig, sind urgründige Schutzzeichen. Sie halten die Energien im Gleichgewicht, stabilisieren sie und verhindern, daß sie erschöpfen. In Momenten der Gefahr potenzieren sie die Kraft um ein Vielfaches. – Verbinden sich mehrere Vierecke auf einem Berg miteinander, werden zudem tief verborgene mystische Fähigkeiten zutage gefördert.

Erwähnte kästchenmäßige in- und aneinandergekettete Vierecke sollten jedoch nicht mit **Gittern** (Abb. 24) verwechselt werden. Diese sind wesentlich engmaschiger, auch verlaufen deren Linien unregelmäßiger. Gitter wirken hemmend auf die Energie im darunterliegenden Berg.

Dreiecke (Abb. 25) und mit der Spitze nach oben weisende offene **Ecken** (Abb. 25) verstärken die Kraft eines Berges, was sich meist positiv auswirkt.

Kreuze (Abb. 26) sind Störzeichen, die die Energie teilweise umpolen und den Ausdruck eines Berges mindern können.

Sterne (Abb. 27) treten bei besonders heftigen Störungen auf. Meist handelt es sich dabei um äußere Einwirkungen, die die Energie eines Berges in eine destruktive Kraft verwandeln können.

 **Punkte** und **Mulden** (Abb. 28) zeigen sich bei und nach Zuständen der Erschöpfung und Depression. Im Berg pulsiert nur noch ein Teil der ursprünglichen Kraft.

An dieser Stelle sei auch noch auf die **Papillaren** des Handtellers verwiesen. Sie sind im Gegensatz zu den vorgenannten Zeichen, auf Lebenszeit unveränderbare Merkmale, welche die durch das Wesenhafte angelegte Tendenz des Energieflusses zwischen den Bergen verdeutlicht.

Die M-Linien

Bei den M-Linien (Abb. 29) wie auch bei den anderen nachfolgend beschriebenen Handlinien handelt es sich im bildhaften Verständnis der Hand um Gräben und Flußtäler, durch die die Energie aus den Bergen abfließt. Meist verlaufen die Linien zwischen den Bergen hindurch, so daß sie von deren Flanken Kräfte mit abziehen und auf ihr Mündungsziel zuführen. Aus dem Verlauf einer Linie, wie sie an einen Berg heranrückt, die Seite eines anderen meidet, wie sie sich an ihrem Ende zu einem Delta auffächert oder direkt auf einem Berg ausläuft, aus all diesen Merkmalen kann der Deuter den Liniensinn modifizieren. Zudem stehen die Linien wie die Berge zueinander in Beziehung. Sie schwingen aufeinander zu, kreuzen sich oder wirken sichtbar gegenläufig zueinander.

Diese Bewegungen können Spannungen erzeugen, sie können sie aber auch mindern. Die Kräfte beeinflussen sich, mischen sich auch manchmal oder absorbieren gar schwächere. Die Möglichkeiten des Zusammenwirkens

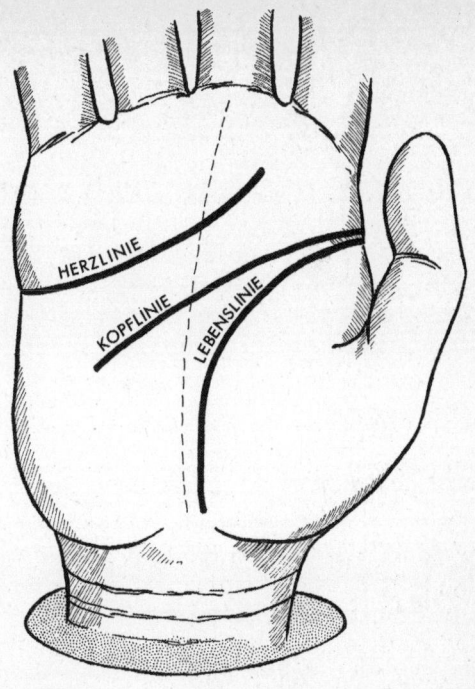

Abb. 29

der Kräfte sind so vielfältig, wie es Hände gibt. Trotzdem muß der Deuter nicht um die Bedeutung einer jeden möglichen Abzweigung oder Linienannäherung wissen. Denn die Gestalt der Hand, die Handteilung, die Handberge, die Finger, all dies gemeinsam sind die sinnstiftenden Elemente der Linien, und in Kenntnis dieser Grundlagen und im Wissen um die Bedeutung der Linien wird dem erfahrenen Handleser beim Blick in die Hand seines Gegenübers dessen ureigenster Liniensinn augenfällig.

Trotzdem gibt es Kriterien zur Beurteilung der durch eine Linie fließenden Kraft, die auch dem esoterischen Deuter gegenwärtig sein sollten. Daß die Linien in ihrer Beziehung zu den Handbergen gedeutet werden müssen, wurde bereits erwähnt. Je *tiefer* eine Linie ist, desto trennender wirkt sie auch. Die Bergkräfte können nur schwer zueinander fließen, dafür mischen sie sich in der Linie. Der Energiefluß wird rasanter und in seiner Wirkung heftiger, aber auch vielfältiger. Im Gegensatz hierzu steht eine *schwache* und weichgezeichnete Linie. Sie zieht kaum Kräfte aus den Bergen ab. Es fehlt ihr an mitreißender Stärke und Durchsetzungskraft. Ihre Wirkung ist eher verhalten und tendenzstützend. Anders wirkt eine *breite* Linie; auch ihr mangelt es an Vehemenz, dafür wirkt sie wie ein mächtiger Strom, mit unentrinnbarer und möglicherweise alles überschwemmender Kraft. Eine *enge* Linie hat dagegen etwas von der Klarheit und Munterkeit eines Gebirgsflusses. Die in ihr fließende Kraft wirkt auf eine direkte und erfrischende Weise. In der Länge einer Linie offenbart sich schließlich ihr ursprünglicher Impuls.

Im übrigen können Zeichen auf den Linien wie Inseln, Mulden oder Sterne auch in bildhafter Weise gedeutet werden. Sie wirken wie Strudel, Dämme oder Schluchten. Dadurch wird die Kraft – am Anfang einer Linie weniger als in deren Mitte – mal verlangsamt, mal beschleunigt oder potenziert. Gleiches gilt für das Gesamtbild einer Linie. Läuft sie gleichsam *verkettet* durch die Hand oder windet sich in *Wellenlinien,* so wird ihr Ausdruck gebremst und zweideutig. *Durchbrochene* Linien weisen darauf hin, daß der Energie Widerstände entgegengesetzt werden und sie sich um ihrer Wirkung willen stets neu sammeln muß. Überlappen sich allerdings die Brüche, fließt die Kraft kaskadenartig immer neuen Entwicklungssprüngen zu. Ihr wird zwar die ursprüngliche Kraft genommen, doch muß dies kein Nachteil sein.

Brüche können zudem von *Begleitlinien,* die meist stärkende Zeichen sind, problemlos überbrückt werden. *Abzweigungen* und *Gabelungen* verteilen die Kraft einer Linie und müssen ihrem Verlauf entsprechend gedeutet werden. Sie können, sofern sie nicht überhandnehmen, die vorhandene Energie in ihrer Wirkung vervielfältigen. *Zuflußlinien* von den Bergen verstärken die Eigenschaft der Hauptlinie erheblich in ihrem Sinne, sobald sie diese erreichen oder kreuzen.

Die Linien sind nicht nur Ausdruck des Menschen Wille, seinen Weg nach seinem Gusto zu beschreiben, sondern sie sind, zumindest teilweise, Ausprägungen des dem Menschen Wesenhaften. Durch die Linien verdeutlicht sich das dem Menschen Aufgegebene; und es wird um eine weitere Spur verständlicher, wenn die Linien der linken und rechten Hand zueinander verglichen werden. Bei den M-Linien ist die Formung durch das Wesenhafte bestimmender als bei allen anderen Linien der Hand. Die M-Linien sind in beinahe jeder menschlichen Hand zu finden. Es sind dies die Lebenslinie, die Kopflinie und die Herzlinie.

Die **Lebenslinie** verläuft von der Daumenkante des Handtellers in einem Bogen um den kleinen Marsberg und Venusberg. Sie endet meist zwischen Venus- und Neptunberg, kann aber auch auf Neptun- oder Mondberg auslaufen.

Die Lebenslinie symbolisiert den ins Leben gerichteten Impuls der Daseinskraft. Sie zeigt die Mächtigkeit auf, mit der ein Mensch in seinen Lebensraum greift. Sie umfaßt den Raum der Vitalität und hält ihn zusammen. Je ausgreifender sie zur Mitte des Handtellers schwingt, desto mehr ist der Mensch aus einer Grundhaltung seinem Gegenüber zugewandt. Im Gegensatz hierzu steht ein Mensch, der sehr auf sich selbst bezogen ist. Die Befriedigung elementarer Bedürfnisse hat bei ihm einen überhöhten Stellenwert. Von Bedeutung für den Sinngehalt der Lebenslinie ist ihre Beziehung zu Venus- und Jupiterberg. Grenzt sie den Venusberg zu sehr ein, wird auch die Lebenskraft erheblich gestaut. Greift sie hingegen zu weit aus, ohne daß der Venusberg diesen Raum beherrschen kann, widersprechen sich Anspruch auf Lebensfülle und Lebenskraft. Mattheit und ein Gefühl des Nichterfülltseins stellen sich ein. In der Nähe zum Jupiterberg verstärken dessen selbstbewußten Energien die ichverhafteten Eigenschaften.

Mit ihrem Endbogen zielt die Lebenslinie wieder auf die Ursprünge des Menschen in archetypischer und traditioneller Weise. Je nachdem, wo sie endet, offenbart sie eine innere qualitative Ausrichtung eines Harmonieprinzips. Schwingt die Lebenslinie zurück zum Venusberg, so sucht der Mensch den Frieden in sich. Stößt sie hingegen auf den Neptunberg, so ist die innere Ausgeglichenheit sehr von einer den Menschen versöhnenden Beziehung zu seinen Wurzeln abhängig; wobei dies auch die Familienbande sein kann, jedoch generell eher ein tiefes Verständnis in sein Menschsein bedeutet. Eine zum Mondberg auslaufende Lebenslinie zwingt den Menschen gewissermaßen, seinen Lebenssinn im beständigen Ausgleich mit seinem Gegenüber zu suchen. Bei dieser Konstellation besteht allerdings die Gefahr, daß der Mensch erhebliche Schwierigkeiten hat, zu seinem eigenen Kern zu finden.

Eine Parallellinie in den unteren zwei Dritteln der Lebenslinie zum Venusberg hingelegt, gilt als *Angstlinie*. Durch sie werden die Vitalkräfte aus dem Venusberg gehemmt und fließen nur noch verhalten der Lebenslinie zu. Während eine Linie dicht an der Lebenslinie, dieselbe begleitend, als Schwesterlinie gedeutet wird, die die Kraft der Hauptlinie erheblich stärkt. Eine kurze beziehungsweise abgebrochene Lebenslinie hat ihre Ursache in einem gehemmten Impuls zum Dasein. Es ist ein Zeichen frühzeitiger Erstarrung. Der Mensch entwickelt sich nur bis zu einem gewissen Punkt, um dann von dem Erreichten zu zehren. Manchmal verbirgt sich auch ein kindliches Gemüt dahinter.

Die **Kopflinie** entspringt nahe beziehungsweise mit der Lebenslinie auf der Daumenseite der Hand. Sie schwingt durch die Erdebene der Du-Seite zu.

Aus der Bewegung der Kopflinie leitet sich auch ihre Deutung ab. Ihr Impuls ist der Wille des Menschen zur Gestaltung seines Soseins. Die sich selbstbewußten Kräfte dringen in den Lebensraum ein und treten in Kommunikation mit den Kräften der dem Ich gegenständigen Welt. Dabei handelt es sich, wie der Name der Linie bereits andeutet, um die rationale Auseinandersetzung des Menschen mit seiner Welt. Die Kopflinie ist Grenz- und damit Verbindungslinie zwischen dem drängenden Bereich der Natur und dem darüber liegenden Sektor bewußter Lebensgestaltung und seelischer Empfindsamkeit. Liegt sie daher zu hoch in der Hand, so beeinträchtigen die bildhaften und unbewußten Impulse die Entscheidungskraft des Menschen. Schwingt sie hingegen tief durch die Hand, leugnet der Mensch gerne seine Natur. Er wirkt leicht verkopft.

Im Spannungsausdruck der Kopflinie, die zwischen der Ich-Seite, dem subjektiven Wollen, und der Du-Seite, dem objektiv Gewollten, quasi eine Brücke schlägt, erkennt der Deuter auch die Gezieltheit des menschlichen Lebensentwurfes. Entscheidende Aufschlüsse darüber liefern ihm Anfang und Ende der Linie. Ist die Kopflinie zu Beginn mit der Lebenslinie verbunden, so begünstigt deren Impuls zunächst Ausdrucks- und Formungswillen. Der Mensch wirkt aus einer inneren Festigkeit heraus nach außen. Diese günstige Eigenschaft verliert sich jedoch, sobald die Verbindung zu lang wird. Als normal gilt ein gemeinsamer Verlauf von Kopf- und Lebenslinie bis in etwa zur Hälfte der Breite des Jupiterfingers. Reicht die Verbindung darüber hinaus, wagt sich der Mensch im bildhaften Sinne nur zögernd über seine Körperhaftigkeit hinaus. Er hat wenig Zutrauen in seine rationale Gestaltungskraft, in ein eigenständiges Wirken seines Geistes. Daher erlangt er auch um so eher geistige Unabhängigkeit, je eher sich die Linie von der Lebenslinie löst.

Das Vertrauen in die rationale Schaffenskraft erhöht sich, wenn beide Linien nahe beieinander entspringen und getrennt verlaufen. Urteilskraft und Entscheidungssicherheit sind dabei sehr ausgeprägt. Bei einem zu großen Abstand fehlt allerdings der erfrischend vitale Impuls und mit ihm das Gefühl, als Mensch eine Einheit von Körper und Geist zu sein. Die lebensbehauptende Rationalität wirkt ohne inneren Bezug nach außen. Gegensätzliches wird dann zwar leichter verinnerlicht, doch alles in allem treibt den Menschen ein ungebärdiger oft fahriger Geist an.

Mit ihrem Ende zielt die Kopflinie auf die Du-Seite. Dabei wird sie durch die Erwiderung des ihr Gegenüberliegenden mitgeprägt. Stößt die Kopflinie nur bis zur Mitte der Erdebene vor, so bleibt der Mensch in unfertiger Weise in sich selbst gefangen. Er ist zu einer ernsten und tragfähigen Auseinandersetzung mit dem ihm Gegenüberstehenden nur bedingt fähig. Verläuft die Kopflinie indessen mehr oder minder gerade auf den großen Marsberg zu, neigt der Mensch zu kühlem Rationalismus und übertriebener Realismusgläubigkeit. Eine sanfte Neigung zum Mondberg beeinflußt das Verständnis des Menschen zum Mystischen hin in günstiger Weise. Phantasie und bildhaftes Erleben geben der Gedankenwelt Fülle. Der Mensch weiß um seine Verbundenheit mit seinem Mitmenschen. Neigt sich die Kopflinie nach oben zur Herzlinie, verstärkt sich der materielle Aspekt als Handlungsmotiv des Menschen. Zusätzlich verdrängen diffuse Stimmungseindrücke sachliche Erwägungen.

Die **Herzlinie** schwingt von der Handaußenkante auf

die Kopflinie und läuft in einem sanften Bogen zwischen Saturn- und Jupiterfinger aus. Sie ist den anderen beiden M-Linien gegenläufig und entspringt der ichfernen Seite der Hand. Ihren Impuls erhält sie aus dem großen Marsberg, dem Hort objektiven Einschätzungsvermögens, und dem Merkurberg, in dem die spirituelle Kraft angeregt wird. Und so trägt die Herzlinie eine unfaßbare, weil dem Ich ferne Kraft in das Leben des Menschen. Diese Kraft des Herzens umschließt die Berge der seelischen Innerlichkeit und zielt einem Anruf gleich auf den Jupiterberg. So symbolisiert sie auch den Impuls zum Heilsein, den Auftrag an den Menschen, an sein Ich, sich selbst zu transzendieren, die Energie der Herzlinie mitaufzunehmen und sich forttragen zu lassen, um sich über die Finger seiner Eigentlichkeit zu nähern. Dieser Anruf kommt aus dem Menschen selbst. Er weist zurück auf das dem Menschen ursächliche, gemeinsame Du, das in seinem Seelenraum mitschwingt und das ihn Liebe und Mitleid empfinden läßt. Andererseits ist die Herzlinie auch eine Grenzlinie, die den Raum der seelischen Innerlichkeit gegen den Raum der bedachten Handlung, dem Palast der Audienz, abschließt. Sie schützt so den Eigensinn der Seelenkraft vor der verletzenden Dichte der dinglichen Welt. Dabei kann sie wie ein Riegel wirken, durch den keine der aufsteigenden Linien zu dringen vermag. Ein solcher Mensch fällt nach außen durch besondere Gefühlskälte auf, auch wenn er in seinem Inneren wie ein Vulkan brodeln mag. Trotzdem steht er in einer großen emotionalen Distanz zu den Wirkungen seines Tuns, dem vor allem ein triebhaftes Moment eigen ist. Im Schwung der Herzlinie drückt sich die Fülle der seelischen Empfindsamkeit aus. Verläuft er sehr tief, so sind die positiven Eigenschaften von Mitmenschlichkeit bis hin zum Hingabevermögen deutlich ausgeprägt. Liegt die Herzlinie hingegen sehr hoch, so erhält der materielle Bereich, die dingliche Ausgestaltung des Lebensraumes, zusätzliches Gewicht. Der seelische Ausdruck und die Empfindsamkeit aber kommen dabei zu kurz, sie bleiben auf einem sehr irdenen Niveau.

Beginnt die Herzlinie nicht an der Handkante, weist dies auf eine starke Störung zum Du hin. Der Mensch hat große Schwierigkeiten, eine Beziehung aufzubauen, geschweige denn, sich in seinem Gegenüber zu erkennen.

Mit abnehmender Herzlinie nimmt auch die Empfindsamkeit ab. Endet sie beispielsweise unter dem Saturnfinger, überwiegt eine nach außen getragene Sachlichkeit, die im Inneren verborgene Empfindsamkeit. Reicht die Herzlinie nur bis zum Apollofinger, so wirken die Gefühle wiederum sehr aufgesetzt und bewußt nach außen gekehrt. Anders hingegen bei einer Linie, die weit in den Jupiterberg hineinreicht, hier werden die Gefühle zwar auch unter Theaterdonnern vorgetragen, doch ergreifen sie den ganzen Menschen mit ungeahnter Heftigkeit.

Die drei aufsteigenden Linien

Während die drei M-Linien so gut wie in jeder Hand zu finden sind, machen sich die drei aufsteigenden Linien in so manchen Händen rar. Häufig sind auch nur eine oder zwei von ihnen in einer Hand zu finden. Die drei aufsteigenden Linien sind Saturn-, Apollo- und Merkurlinie (Abb. 30).

In den aufsteigenden Linien offenbart sich das Angelegtsein eines Menschen, seinen Weg in einer gewissen Weise zu beschreiten. Sie versinnbildlichen quasi den Schwerpunkt von Form und Richtung der Lebensgestaltung, wobei die Saturnlinie für eine zwingende Gebundenheit der Lebensgestaltung steht, hingegen die Apollolinie mehr einen kreativen Aspekt ausdrückt und die Merkurlinie entweder materielle oder spirituelle Selbst-

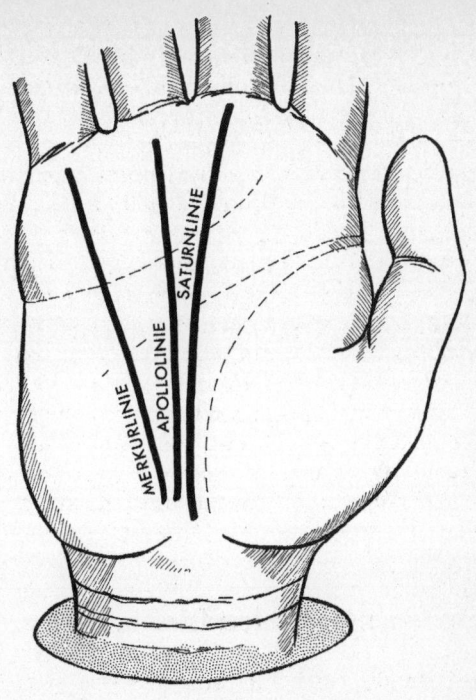

Abb. 30

verwirklichung symbolisiert. Dies verständlicht bereits, daß das Fehlen der einen oder anderen Linie durchaus kein Manko sein muß. Denn ist der Auftrag an den Menschen entsprechend eindeutig, so ist auch seine Ausrichtung in seinen Lebensraum meist von gleicher Deutlichkeit. Die Funktion einer fehlenden Linie wird dabei von dem entsprechenden Handberg und Finger übernommen.

Ist in einer Hand keine aufsteigende Linie zu finden, so kann dies für den Menschen schon zum Problem werden. Denn die aus den unteren Bergen hervordrängenden Kräfte werden nicht in handbarer Weise strukturiert. Dem Menschen fehlt es im wahren Sinne des Wortes an Linie und Ausrichtung. Empfindungstiefe und Ausdrucksvermögen sind nur unzureichend entwickelt. Eine solche Person hat meist nur geringe Standfestigkeit und wird zum Spielball ihrer eigenen Kräfte. Heute so, morgen so, könnte sie sich aufs Panier schreiben.

Die aufsteigenden Linien können aus verschiedenen Punkten der Hand aufsteigen. Steigen sie nahe der Handwurzel auf, können sie im wesentlichen von drei verschiedenen Impulsen geprägt werden, nämlich von der Kraft der Lebenslinie, der Energie aus dem Neptunberg oder den Kräften des Mondberges. Haben die Linien hingegen ihren Anfang in der Zone der Handlung, werden sie von der Kopflinie beeinflußt, während im Gürtel der Psyche die Herzlinie den entscheidenden Anstoß gibt. Die Qualität des Impulses ist für die Sinnrichtung der Linie, die Motivation des Menschen, von entscheidender Bedeutung. Der Deuter wird diesen Aspekt bei der Beurteilung der Linie ebenso berücksichtigen, wie die Art und Weise, in der eine aufsteigende Linie Kopf- und Herzlinie kreuzt. Hier beachtet er, ob die eine Linie die andere auf spielerische Art überspringt oder möglicherweise tief durchbricht. Je nachdem zieht eine Linie mehr oder weniger Energie von der anderen ab und dominiert dann mit ihrem Sinn die andere.

Die gewollte Gestalt einer Linie moderiert der Berg beziehungsweise die Zone, in der die Linie endet. Je höher die Linie steigt, um so verinnerlichter und ernsthafter wirkt ihr Sinn im Menschen. Mit ihrem Ende weist sie auf das tendenzielle Hingespanntsein des Menschen, in welcher für ihn gültigen Form er dem Liniensinn gerecht zu werden geneigt ist.

Ob in einer Linie letztlich mehr der materielle oder

spirituelle Ausdruck überwiegt, erkennt der Deuter durch die Fingergestalt. Insbesondere beim Merkurfinger ist diese Beobachtung für die Qualität der Auslegung von entscheidender Bedeutung.

Die **Saturnlinie** wird auch Schicksalslinie genannt. Idealerweise verläuft sie als Grenzlinie zwischen dem Bereich des Ichs und des Dus. Sie symbolisiert den aus seiner Natur heraus in die Welt gedrängten Menschen, der an dem Platz, wohin er gestellt wurde, sein Leben in seine Hand nimmt und versucht, es seinem rationalen und seelischen Verständnis gemäß zu formen. Und so wirken auf die Saturnlinie die Forderungen subjektiver und objektiver Kräfte ebenso wie die Gesetze des Himmels und der irdischen Natur. Diesen gegensätzlichen Ansprüchen versucht der Mensch, durch klare Zielsetzungen gerecht zu werden. Sein Lebensentwurf ist ihm zugleich Lebenssinn.

Die **Apollolinie** trägt ein harmonisierendes Element in das Leben des Menschen. Sie stärkt auf materieller Ebene den Schönheitssinn und die Bereitschaft, Phantastisches in sich wirken zu lassen. Im psychischen Bereich kräftigt sie die Empfindsamkeit, die seelische Befindlichkeit zu vernehmen und sich darin einzufühlen. Das Gegenüber wird als eine Sinnerweiterung, eine Sinngebung für das eigene Selbst verstanden.

Die **Merkurlinie** kann dreierlei Eigenschaften betont in den Lebensraum des Menschen rücken: kommerzielles Streben, intellektueller und sprachlicher Ausdruck oder spirituelle Hinwendung. Grundsätzlich sind ihr jedoch Kommunikationsbereitschaft, Kontaktfähigkeit und geistige Wendigkeit zu eigen. Ihr spirituelles Merkmal läßt sich mit der Einfühlsamkeit des Menschen umschreiben, transzendente Anrührung zu vernehmen. Der Mensch öffnet sich für die himmlischen Kräfte, damit sie in seinem Lebensraum zu einem lenkenden Faktor heranreifen können. Dieser Haltung ist eine gewisse Demutsbereitschaft inne, die sich zum ursächlichen Impuls wahrer Selbstlosigkeit entwickeln kann.

Die drei mystischen Linien

Nach drei Linien wird ein esoterischer Handleser in jedem Fall in der Hand seines Probanden suchen. Dies sind die Neptunlinie, die Uranuslinie und die Isislinie (Abb. 31). Diese Linien befinden sich allesamt auf der Du-Seite der Hand. Sie versinnbildlichen die Sensibilität des Menschen, die Schwingungen des Ichfernen in sich wahrzunehmen, sich von ihnen mittragen zu lassen und den so gewonnenen Eindrücken auch Ausdruck in seinem Lebensraum zu geben.

Daß solche Feinfühligkeit sich nicht immer nur heilsam für den Menschen auswirkt, zeigt in besonderer Weise die **Neptunlinie,** die auch als Suchtlinie bekannt ist, weil sie überproportional häufig in der Hand suchtkranker Menschen zu finden ist. Vielleicht liegt es daran, daß sie in besonderem Maße den Wunsch des Menschen, seine Stofflichkeit zu transzendieren, versinnbildlicht. Eine Person mit einer solchen Linie hat ein starkes bildhaftes Empfinden für eine ihr eigene Seinsweise, die nicht von dieser Welt zu sein scheint. Diese Empfindsamkeit ist ihrem rationalen Selbstverständnis allerdings nicht zugänglich. Sie wirkt daher für viele auf unverständliche Weise in ihren Lebensraum. So kann sie zur Suchtlinie werden und dem betroffenen Menschen zum eingeborenen Widerspruch, dessen Überwindung in ihm erst die spirituelle Kraft dieser Linie in wahrhafte Weise anklingen läßt. Denn dann wird die Neptunlinie zum Zeichen ursprünglicher Losgelöstheit, die den Menschen zu entgrenzter Hingabe befähigt.

Die **Uranuslinie** wird auch Intuitionssichel genannt. Sie liegt in der Hand hellsichtig Begabter; auch Heilern

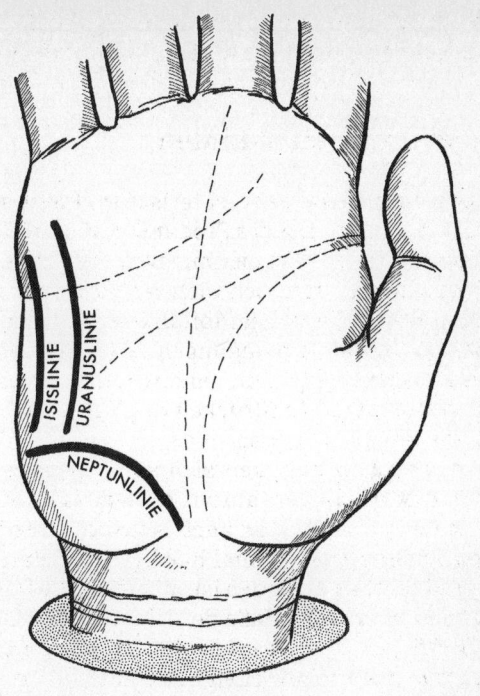

Abb. 31

und medialen Menschen ist sie in die Hand geritzt. Auf alltäglicher Ebene befähigt sie Menschen, Entwicklungen sicher abzuschätzen und Ideen zu formulieren, die ihrer Zeit weit vorausgreifen. Aus spiritueller Sicht versinnbildlicht diese Linie, die Sehnsucht des Menschen zur vollkommenen Wahrnehmung, was eine zeitlose Direktheit bedingt. Und so liegt in dieser Linie auch die Kraft zur meditativen Versenkung.

Die **Isislinie** wird auch Plutolinie genannt. Sie liegt weit außen, fast auf der Handkante. Meist ist sie nur in die Hand gehaucht und nur bei einer Anspannung der Handmuskulatur zu erkennen. Sie zeugt von außerordentlicher spiritueller Kraft. Ein Mensch mit dieser Linie hat ein lauteres Herz, aus dem heraus er sich leiten läßt. Er trägt eine Kraft in sich, die das Erblühen der Wahrheit in ihm ermöglichen würde. Ob dies geschieht, liegt an seiner Leidenschaft, heil zu werden. In letzter Konsequenz bedeutet dies, der Isislinie zu folgen und sich im Jenseits der Hand, jenseits seiner selbst zu verlieren.

Der Salomonring

Der Salomonring ist das einzige mystische Zeichen, das an der Außenhand zu sehen ist. Er ist eine klare Abgrenzung des Jupiterfingers durch eine deutliche ringförmige Linie oberhalb der Fingerwurzel. Personen mit diesem Zeichen wird eine gewisse Abgeklärtheit nachgesagt. Die ihnen eigene Betrachtungsweise des Transzendenten fußt auf Erfahrung, die ihnen stets aufs neue widerfährt. Für so manchen Realisten sind diese Menschen zwar beeindruckende, aber trotz allem seltsame Heilige.

Nachwort

Am Schluß des Buches wird mancher Leser nach Betrachtung seiner Hand mit der Frage zurückbleiben: »Was soll ich mit meiner Hand machen? – Wie kann ich meine Schwierigkeiten lösen?«

Nun, wie kann jemand, der gerne Kunstmaler werden möchte, aber partout keine Begabung dazu hat, trotzdem Kunstmaler werden? Er kann es nicht! Dennoch kann jeder Mensch ein Künstler sein, sobald er das, was er tut, mit Gänze tut.

Nicht anders liegt es bei einem Menschen, der sein Heil sucht. Solange er dabei einen vorgestellten Weg geht, der aber nicht dem ihm aufgegebenen entspricht, wird er auf Widerstände stoßen und wider sich selbst handeln. Dabei ist in jedem Menschen die Anlage zum Heilsein, er muß sich ihr ganz zuwenden. Und diese Hinwendung kann der Mensch nicht teilen, er muß sie für sich und ganz allein mit sich vollziehen. Und dieser Akt ist nur möglich, wenn ihn der Mensch mit seinem ganzen, ungeteilten Wesen angeht.

Darum kann dieses Buch auch keine Antwort auf Fragen beispielsweise solcher Art geben: »Was soll ich tun, wenn mein Merkurfinger materiell gewichtet ist, ich jedoch vollkommene spirituelle Hinwendung ans Transzendente anstrebe?« Denn die Antwort ist längst gegeben, bevor die Frage bedacht wurde. Sie ist eindeutig. Die eigene Hand ganz zu sein, dem Siegel ganz zu entsprechen, nur dies ist des Menschen Weg zum Heil.

Dieses Buch mag die Zeichen erhellen, damit er das Siegel in seiner Hand erkennen kann.

M. M.

Alternatives Heilen

ISBN 3-8138-0246-9, 208 S.

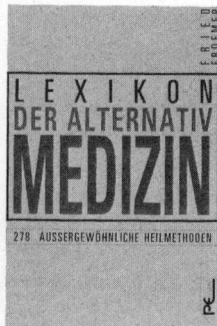

ISBN 3-8138-0252-3, 192 S.

ISBN 3-8138-0225-6, 208 S.

Eigene Naturkräfte entdecken!

Fried Froemer, heute Mentaltrainer und Kursleiter in skandinavischen Gesundheitszentren, hat als Vorstandsmitglied bei den Krankenkassen Erfahrungen mit dem hiesigen Gesundheitssystem gesammelt. Seine Spezialisierung auf „Alternative Heilmethoden" hat sich in drei aktuellen Titeln niedergeschlagen.

- Das Pendeln ist eine jahrhunderte alte Diagnosemethode, wobei die Schwingung des Pendels den jeweiligen Krankheitsherd anzeigt.
- Der Schamanismus ist die älteste Form ritueller Heilkunst. Seine Methoden greifen auf die urzeitlichen „Waffen" und Kräfte des Menschen zurück, deren Revitalisierung ein Leben in geistiger und körperlicher Balance ermöglichen.
- Das Lexikon führt vertiefend in die Vielzahl der alternativen Heilweisen ein und handelt sie zusätzlich lexikalisch – von A wie ACEM-Meditationen und Z wie Zellulartherapie – ab.

Bücher aus dem Peter-Erd-Programm finden Sie überall im Buchhandel.
Fordern Sie das kostenlose Gesamtverzeichnis an bei:

Verlag Peter Erd * Gaißacher Straße 18 * 8000 München 70
Telefon 089/7253004
Fax 089/7250141